AF343846

GÉOGRAPHIE
ANCIENNE ABRÉGÉE,

Par M. D'ANVILLE,

De l'Académie Royale des Belles-Lettres,
& de celle des Sciences de Petersbourg,
Secrétaire de S. A. S. M. le Duc d'Orléans.

TOME TROISIEME,
contenant l'Afrique.

A PARIS,

Chez MERLIN, Libraire, rue de la Harpe,
à l'Image Saint Joseph.

M. DCC. LXVIII.
Avec Approbation & Privilége du Roi.

AVERTISSEMENT.

LES contrées de l'Afrique, qui bordent la Méditerranée, & les plus intéressantes dans l'objet de l'ancienne Géographie, sont données dans les deux parties de l'Orbis Romanus, l'orientale, & l'occidentale. On a même donné à l'Egypte sa Carte particulière. Pour ce qui est de l'Ethiopie, & de ce que l'antiquité connoît dans l'intérieur du même continent ; la Carte de l'Orbis Veteribus notus paroîtra suffisante à consulter.

Tome III.

AFRICA.

I. ÆGYTUS
ET
LIBYA.

II. ÆTHIOPIA
SUPRA ÆGYPTUM.

III. AFRICA.
NUMEDIA.
MAURETANIA.

IV. LIBYA (vel AFRICA)
INTERIOR.

Tome III.   A

I.

ÆGYPTUS

ET

LIBYA.

ÆGYPTUS.

La grande célébrité de ce pays dans l'antiquité est assez connue. Ce fut de l'Egypte que la Grece tira les premières notions qu'elle eut des sciences & des arts, qui de la Grece passerent dans l'Occident. L'industrie d'un peuple fort nombreux en Egypte s'est signalée, non-seulement par des édifices, dont la solidité semble prévaloir sur l'élégance, mais plus encore par le grand nombre

A ij

de canaux dérivés fur des terres , qui
n'avoient d'autre reffource pour être fer-
tilifées , que les eaux de l'unique Fleuve
que la nature ait donné à cette contrée. Elle fe renferme proprement dans
une longue vallée , qui du midi au nord
en fuivant le cours du Fleuve , s'étend
dans l'efpace de plus de fix degrés , affez
peu fpacieufe en largeur pour ne paroître en général qu'une efpèce de langue
de terre. Mais il faut dire , qu'à l'iffue
de cette vallée le pays s'élargit , donnant
paffage aux différens bras , entre lefquels
le fleuve fe partage pour fe rendre dans
la mer , ce qui ajoute à l'étendue de
l'Egypte un degré & demi en latitude.
Tout ce qui n'eft point à portée de rece-
voir les dérivations du fleuve , eft une
terre ingrate & fans culture ; qui depuis
la crète des montagnes qui bordent la
vallée , s'étend d'un côté jufqu'au rivage
du Golfe Arabique , & ne peut avoir
quelques habitans que d'une race de
Nomades ou pâtres , de l'autre fe con-

fond avec les déserts de la Libye. L'E-
gypte gouvernée de temps immémorial
par des rois de sa nation, soit en un
seul corps de monarchie, soit en différens royaumes qui la partageoient, subit
ayant été conquise par Cambyse, fils de
Cyrus, le joug des Perses, qu'elle porta
assez impatiemment ; & à cette domination succéda, par le démembrement
de l'Empire d'Alexandre, le regne des
Ptolémées, jusqu'à la réduction du pays
en province Romaine par Auguste. Elle
fut perdue pour l'Empire d'Orient, en
tombant au pouvoir des Arabes sous le
khalifat d'Omar, dans le septième siècle.
Son nom dans les Livres saints, & tiré
d'un des fils de Cham, est *Misraïm*, &
il se conserve sous la forme de Missir,
comme le prononcent les Turcs. Il ne
paroît pas douteux, que celui des Coptes, désignant actuellement un reste de
nation, séparément des Arabes qui sont
en grand nombre dans le pays, & des
Turcs qui y dominent, ne soit sous la

forme de Kypt qui lui est propre, une altération du nom d'*Ægyptus*, d'après la prononciation grèque du gamma dans ce même nom.

A ce préliminaire nous ajouterons ce qui concerne la distinction de différentes régions en Egypte, dont la plus générale est celle de Supérieure & d'Inférieure. Dans celle-ci se renferment les bras du Nil, depuis sa division jusqu'à ses embouchures; & la figure triangulaire d'une lettre grèque, fait donner le nom de *Delta*, au terrein borné sur les côtés par les deux branches principales du fleuve, & par le rivage de la mer, qui fait la base du triangle. Mais il faut ajouter, que l'*Ægyptus inferior* déborde, tant à l'occident qu'à l'orient, ce qui forme le Delta. C'est ce qu'actuellement, en usant de la langue Arabe dans une signification correspondante, on nomme Bahri, autrement Rif, ou riverain de la mer. Pour ce qui est de l'*Ægyptus superior*, on la trouve séparée de la précédente par une province particulière, dont le nom d'*Hepta-nomis* déſigne qu'elle avoit été compoſée de l'union de ſept diſtricts ou préfectures, qu'en Egypte on appelloit Nomes, & dont on diſtingue plus de cinquante dans le détail qu'en fournit l'antiquité. La diſtinction de cette province ſubſiſte encore dans ce qu'on appelle Voſtani, ce qui répond en Arabe à une place intermédiaire, à l'égard de Bahri d'un côté, & du Saïd, ou pays ſupérieur, de l'autre. On ſçait qu'en remontant juſqu'à la cataracte du Nil, qui fait le terme de l'Egypte vers l'ancienne Ethiopie, c'eſt ce qui tiroit de la fameuſe Thebes une dénomination propre dans celle de *Thebais*. Telle eſt l'ancienne diviſion de l'Egypte en provinces. Mais, par la multiplication qui fut faite des provinces de l'Empire en général, ce que l'Egypte inférieure avoit au-delà du canal du Nil qui ſe rend dans la mer ſous la poſition actuelle de Damiat, compoſe dans le quatrième siècle une province sous le nom d'*Augustamnica* ; & le nom d'*Ægyptus* demeure comme propre à ce qui reste de la précédente. Sous Justinien , on voit l'Augustamnique divisée en deux , première , & seconde , celle - ci dans les terres , l'autre maritime. C'est ce qu'on nomme actuellement Sharkié , d'après le terme Arabe de Shark qui désigne l'orient , & par distinction de ce qu'on nomme Garbié , du terme de Garb ou d'occident , le canal du fleuve faisant la séparation de ces parties de la basse Egypte. Ce qui avoit été nommé Heptanomis , prit sous Arcadius , fils du grand Théodose , le nom d'*Arcadia.* Enfin , on voit la Thébaïde dans les temps postérieurs divisée en deux , antérieure , & supérieure , selon les termes qu'on trouve être employés à distinguer ces parties. Pour traiter de l'Egypte dans le détail , nous croyons devoir y procéder en partant du voisinage de la mer , comme moins reculé de nos regards , que ce

qui s'éloigne en remontant vers l'extrémité du pays la plus éloignée.

ÆGYPTUS INFERIOR.

ELLE s'étend le long de la mer, selon
les limites que lui assigne Hérodote,
depuis un golfe qu'un lieu nommé *Plin-
thine* faisoit nommer *Plinthinetes*, jufqu'au mont *Cassus*, adjacent au Lac Sirbonide. Sur la pointe de ce qu'on appelle aujourd'hui le Golfe des Arabes,
Taposiris se fait connoître sous le nom
d'Abousir. A quelques autres lieux ob-
scurs succède immédiatement l'emplacement d'*Alexandria*. Une isle longue
& étroite au-devant de la côte, *Pharos*,
étoit jointe au continent par une chauf-
fée, que sa longueur de sept stades
faisoit nommer *Hepta-stadium*, & qui
séparoit deux ports au-devant de cette
ville, que le Lac *Mareotis* bordoit d'un
autre côté. L'avantage de cette situation,
sur un rivage où la nature n'a point

donné à l'Egypte d'autres ports, détermina Alexandre à fonder une ville où il exiſtoit un ancien lieu, dont le nom de *Rhacotis* demeura propre au quartier de la ville duquel partoit la chauſſée de communication avec l'iſle, quartier diſtingué d'un autre plus étendu ſur le plus grand des deux ports, & qui nommé *Bruchion*, renfermoit pluſieurs palais qu'habiterent les Ptolémées. On ſçait combien Alexandrie devint puiſſante par ſa poſition, qui en fit l'entrepôt le plus conſidérable du commerce de l'Orient avec l'Occident. Et pour ſatisfaire la curioſité qu'on peut avoir de connoître plus particulièrement une ville du nombre des premières de l'ancien Monde, un ouvrage qui traite de l'Egypte ſpécialement, & du même auteur, tenferme avec un plan fort exaƈt du local, une deſcription beaucoup plus circonſtanciée. On y voit qu'un attériſſement formé aux environs de l'Heptaſtade, eſt aujourd'hui le ſol de ce que cette ville a d'habitations, une enceinte actuelle qui doit être postérieure à celle de l'antiquité, ne contenant guère que des ruines, & étant presque inhabitée. Le Lac *Mareotis*, qui ne resserre plus la ville d'un côté aussi étroitement qu'autrefois, conserve son nom dans celui de Birk Mariout.

A peu de distance d'Alexandrie, & sur le rivage, un lieu dont le nom de *Nicopolis* perpétuoit la mémoire d'un avantage remporté sur Antoine par Auguste, est aujourd'hui appelé Kasr Kiasséra, château des Césars. Plus loin, *Canopus*, lieu décrié par la licence qui y régnoit, occupoit une pointe avancée en mer, sur laquelle on connoît un château, nommé Abukir, ou le Bekier. L'une des deux principales embouchures du Nil en tiroit le nom de *Canopicum Ostium*; & c'est ce qu'on nomme ujo urd'hui Maadié, ou passage, au-delà du Bekier. Mais, par les changemens arrivés dans les embouchures du fleuve,

le *Bolbitinum Ostium*, où il s'est porté
par le canal qui passe devant Rascid,
dont le nom dans la bouche des Francs est
Rosset, a pris l'avantage qu'avoit autrefois l'embouchure Canopique. Ce bras
du Nil, appellé *Agathos-Dæmon*, ou du
Bon Génie dan Ptolémée, & fermant
un de côtés du Delta, en sépare ce que
dans l'Egypte inférieure on nomme actuellement Bahiré. *Hermopolis* avec l'épi-
thete de *parva*, pour la distinguer d'une
plus grande dans l'Heptanomide, convient à la position actuelle de Demenhur. Sur le bord du fleuve, *Andropolis*
& *Gynæcopolis*, dont les noms désignent
les deux sexes, & qui paroissent avoir
été des lieux contigus, conviendroient
de même à deux positions immédiatement voisines en cette même situation,
Shabur, où un canal qui va passer à
Demenhur sort du Nil, & Selamun. Le
désert où sont des lacs qui donnent du
Nitre, s'éloigne des bords du fleuve, &
il est mention de *Nitria* comme d'une

ville. C'est une contrée sous le nom de *Scithiaca* dans Ptolémée, & celui de *Scété* mentionné fréquemment dans les légendes des Solitaires de ce désert, se conserve sous la forme d'Askit dans un Monastère, que distingue entre plusieurs le nom de Saint-Macaire. Le lieu nommé Terané, où le Narron comme on dit dans le pays, est embarqué sur le Nil, trouve l'ancienne forme de son nom en celle de *Terenuthis*.

En passant dans le Delta, sur la rive du fleuve, on reconnoît *Metelis* dans le nom de Miffil, que les Dictionnaires Coptes donnent à une grosse ville qui a pris le nom de Foûa. Des Miléfiens en remontant le Nil, avoient fondé une ville nommée *Naucratis*. Il est parlé de *Sais* comme d'une capitale en cette partie de l'Egypte supérieure, où un lieu porte encore le nom de Sa. *Taua* conserve le même nom. *Nicii*, ayant le premier rang dans un nome appelé *Profopites*, se fait connoître par le nom

actuel de Nikios. L'isle *Prosopitis* entre
deux canaux qui en embrassent l'étendue,
avoit une ville qui sous le nom d'*Atar-
bechis* étoit consacrée à Vénus ; & une
autre qu'on peut avoir curiosité de connoître , parce qu'il est mention dans
l'histoire d'un long siége que les Athéniens y soutinrent contre les Perses , &
dont le nom de *Byblos* paroît conservé
dans celui de Babel. La division du Nil
au sommet du Delta se partage en trois
canaux , parce qu'il y a un canal intermédiaire des deux branches principales. A ce canal se joint entre plusieurs
dérivations , un canal sortant du fleuve
peu au-dessous de la position *Sebenny-
tus* , qui subsiste avec le nom Semennud. La continuation de ces canaux réu-
nis vers un grand lac , qui de la ville
de *Butos* , située sur la rive méridionale ,
étoit appelé *Buticus* , prend à la sortie
de ce lac son issue dans la mer sous un
lieu nommé *Paralus*, ou Berelos , & cette
issue est le *Sebennyticum Ostium*. Cette

partie maritime fort marécageuse étoit
par cette raison appelée *Elearchia* , &
dans ce terrein de difficile accès un prince
Egyptien se maintint contre les forces
des Perses sous le regne d'Artaxerxe
Longuemain. Les vestiges d'une ville appelée Tekebi dans les livres des Coptes ,
pourroient convenir à *Pachnamunis* ; &
Onuphis prendre la place d'un lieu nommé Banub. *Busiris* & *Xois* sont des villes
de remarque sur la rive du fleuve peu
au-dessus de Sebennyt ou Semennud ;
la première conservant le nom de Busir ,
& la seconde n'en devant point être éloignée , & située dans une isle.

A la Bouche Sebennytique succéde le
Phatmeticum ou *Phatniticum Ostium* , qui
dans les tems de l'antiquité ne cédant en
grandeur qu'aux Bouches Canopique &
Pélusiaque , est aujourd'hui une des deux
principales embouchures du fleuve peu
au-dessous de Damiat. Le nom de *Tamia-
this* , dont il est mention dans un siècle
qui précède immédiatement le temps

où se termine l'objet de l'ancienne Géographie , paroît appartenir à Damiat. Les trois Bouches ultérieures , y compris la Pélusiaque , se rendent avant leur débouchement à la mer , dans un grand lac, auquel on ne connoît point de nom dans l'antiquité , mais que différens lieux , Manzalé , Tennis , font aujourd'hui désigner par leurs noms. Le *Mendesium Ostium* , appellé actuellement Dibé , & par les Francs Peschiera , tiroit son nom de *Mendes* ; & cette ville , & de même celle de *Thmuis* , selon différens témoignages , devoient également leur nom au bouc qui y étoit adoré. Une position d'Ashmun-Tanah paroît convenir à la première , & de grands vestiges de la seconde semblent en conserver le nom sous la forme de Tmaïé. Il faut aussi faire mention de *Panephysis* , dans une situation adjacente au lac , & cette circonstance lui convient sous un autre nom , qui est *Diospolis* , ce qui paroît ne montrer que la même ville sous deux noms différens, l'un Egyptien, l'autre Grec, selon qu'on en trouve plus d'un exemple dans l'étendue de l'Egypte. Le lieu le plus connu actuellement sur ce bord du lac est Manzalé. *Tanis*, ancienne ville royale en Egypte, & dont le nom se lit *Zoan* dans le texte Hébreu, conserve quoiqu'abandonnée à quelques pâtres, des vestiges sous le nom de Sañ, peu loin du lac où se rend l'ancien canal qui formoit le *Taniticum Ostium*, appelé aujourd'hui Eummé-fareggé. *Tennesus*, dont il n'est mention que dans un temps postérieur à la première antiquité, est une position renfermée dans le lac, & dont le nom de Tennis est le même. Celui de Sethron sur le bord du lac, en tendant vers le canal Pélusiaque, fait connoître la position de *Sethrum*, autrement dite *Heracleopolis parva*.

Péluse, le rempart & la clef de l'ancienne Egypte, n'est aujourd'hui connue dans ses ruines que sous le nom de Tineh, qui dans la langue Arabe remplace la signification du nom de *Pelusium*, tiré d'un terme Grec, par lequel la situation de cette ville dans des marais est exprimée. Le mont *Casius*, peu considérable, forme une pointe en mer, nommée Cap del-kas, ou du ciseau ; & le lieu de *Casium* adjacent dans les terres est nommé Catieh. Le *Lacus Sirbonis*, qui en est voisin, & où l'on disoit que Typhon, meurtrier d'Osiris, étoit submergé, a pris dans le nom qu'on lui donne de Sebaket Bardoïl, celui de Baudouin, le premier des rois de Jérusalem de ce nom, qui mourut au retour d'une expédition en Egypte dans le lieu nommé el-Arish, qui est l'ancienne *Rhinocorura*, jusqu'où s'étendoit cette frontière, en prenant sur des limites antérieures du pays Philistin. *Ostracine*, qui est en position moins reculée, trouve un reste de son nom dans celui d'une pointe appelée Straki. Et il ne faut point omettre, que l'entrée d'un ravin dans le lac Sirbonide, recevant les eaux pluviales de plufieurs torrens, qui viennent du défert compris dans l'étendue de l'Arabie Pé-trée, repréfente le *Torrens Ægypti* de l'Ecriture, & qui felon faint Jérôme paffe entre Rhinocorure & Péluse. C'eft ce canton de pays, qui couvert de fables mouvans & profonds, & que les Arabes appellent par cette raifon al-Giofar, rendoit l'abord de l'Egypte difficile à un ennemi.

Il faut fe rapprocher du Nil, peu loin duquel dans l'intervalle des canaux Pélu-fiaque & Tanitique, on reconnoît la po-fition de *Leontopolis*, dans un lieu nommé Tel-Effabé, ou colline du Lion. En re-montant au-deffus de la divifion du canal Pélufiaque, *Athribis*, ville confidérable, conferve le nom d'Atrib, fur le bras du Nil, auquel par cette pofition le nom d'*Athribiticus* devient plus convenable qu'à un canal intermédiaire des deux branches principales, comme on le voit dans Ptolémée. Une ville de même con-fidération que la précédente, *Bubaftus*, dont le nom dans l'Ecriture se lit *Pibe-seth*, & qui n'est qu'altéré aujourd'hui sous la forme de Basta, est sur un canal dérivé du Pélusiaque à sa rive droite. Celui qui avoit été creusé par le roi Necos, dans l'entreprise d'une communication avec le Golfe Arabique, étoit ouvert à un lieu nommé *Phacusa*, dont la distance à l'égard de Péluse nous est indiquée. Le canal passant à Basta tend à la position de l'ancienne *Pharbœthus*, actuellement Belbeïs, où se rend d'un autre côté ce qu'on appelle Khalitz-Abu-Meneggi, qui est le *Trajanus amnis* de Ptolomée, lequel selon son témoignage passe à *Heroopolis*. On apprend d'ailleurs, qu'il se terminoit dans des lacs, dont l'eau naturellement amère prenoit la douceur de celle du Nil qui s'y rendoit. La communication ne fut poussée jusqu'au golfe que sous Ptolémée Philadelphe, & il y a lieu de croire qu'elle étoit dégradée au point de n'avoir plus l'avantage d'être navigable dès le tems de Cléopatre. On en diſtingue néanmoins quelque trace entre le Suez & ce qu'on nomme le lac Sheïb.

Heroopolis, dont un des golfes que forme l'Arabique vers ſon extrémité prenoit le nom d'*Heroopolites*, eſt le *Pithom*, dont il eſt parlé dans l'Ecriture comme d'une ville conſtruite par les Iſraëlites, *Patumos* de la contrée Arabique de l'Egypte dans Hérodote. Et la curioſité qu'il y auroit à connoître une place d'armes de très-vaſte étendue, ſelon ce qu'on lit d'*Auaris* dans Joſephe, & par laquelle des rois appelés Paſteurs tinrent l'Egypte aſſujettie, nous fait ajouter, que ſur quelques indices il conviendroit de prendre l'emplacement d'Heroopolis. Un lieu qui s'en fait très - voiſin par les moyens donnés de fixer l'une & l'autre poſition, *Thaubaſtum*, ſe retrouve en celui qui eſt appelé Habaſeh, vers la tête du lac Sheïb, dont il a été parlé. Pour terminer l'Egypte ſupérieure, le choix de quelques lieux nous ramenera vers le Nil. Il eſt remarquable de retrouver le

Vicus Judæorum dans la dénomination actuelle de Tel-el-Iudieh , qui signifie colline de la Juiverie , & d'y connoître le lieu où fut un temple , dans lequel des Juifs contrevenans à la loi , qui ne permettoit à leur nation d'autre sanctuaire que celui de Jérusalem , pratiquerent leur culte réligieux pendant deux cens quarante-trois ans , jusqu'au règne de Vespasien. Une ville du rang des principales , *Héliopolis* , nommée autrement *On* , d'un terme Egyptien désignant le Soleil , de même que la dénomination Grèque le désigne , appelée depuis par les Arabes Aïn-Shems , ou fontaine du Soleil , conserve des vestiges dans le lieu nommé actuellement Ma-tarea , c'est-à-dire eau-fraiche. *Babylon* étoit une habitation formée par des Perses , & qu'il seroit vraisemblable de rapporter au temps de la conquête de l'Egypte par Cambyse. Un quartier conservant le nom de Baboul , & autrement Bablion , dans ce qu'on nomme communément le

Vieux-Caire, en fait connoître le véritable emplacement, dominant fur le Nil à quelque diftance au-deffus du Delta ; & on y diftinguoit un Pyrée, c'eft-à-dire un lieu propre au culte du Feu, felon la religion que profeffoient les Perfes. Sous les Romains, une des deux légions deftinées à la défenfe de l'Egypte, avoit fon quartier établi dans cette Babylone. C'eft immédiatement au-deffous que fort du Nil le Khalitz qui traverfe le Caire, & auquel un auteur Arabe, qui a écrit fur l'Egypte en particulier, fait porter le nom de l'empereur Adrien ; & fi dans Ptolémée le nom de Trajan lui eft appliqué, on fçait que l'adoption communiqua ce nom même à Adrien.

ARCADIA ET ÆGYPTUS

SUPERIOR.

MEMPHIS, qui fur le bord occidental du Nil, devoit fa fondation à un roi des premiers temps de l'Egypte, nommé

Uchoreus, ville prédominante sur toute autre de l'Egypte avant qu'Alexandrie lui eût enlevé cet avantage, étoit éloignée de la pointe du Delta en remontant, de trois schènes, autrement de quinze milles. Ces indications sont l'unique moyen qui soit donné de connoître son véritable emplacement. Et par la connoissance des différentes mesures itinéraires propres à l'antiquité, & l'usage de les combiner entre elles, celles qu'on vient de citer se concilient, comme on pourroit s'en éclaircir dans un ouvrage, où l'Egypte est décrite avec beaucoup plus de détail qu'on ne s'en permet ici. Un laps de temps considérable l'avoit fort dégradée du temps qu'écrivoit Strabon, qui voyoit ses palais en masures. Elle existoit néanmoins encore six cens ans après, lors de l'invasion de l'Egypte par les Arabes, & il en est parlé sous le nom de Mesr, en lui appliquant celui qui est propre au pays même, dans lequel elle avoit tenu long-temps le premier

rang

rang. Mais, les vestiges qui se mon-
troient encore dans le quinzième siècle,
selon le témoignage d'Abulfeda dans sa
Géographie, ne sont plus en même évidence. Différens canaux dérivés du Nil,
& qui séparent Memphis des anciennes
sépultures & des Pyramides, ont fourni
aux Grecs l'idée de leurs fleuves infer-
naux, *Acheron*, *Cocytus*, *Lethe*. Sur la
rive du Nil opposée à Memphis, un
lieu qu'on prétendoit avoir été nommé
Troja, par des Troyens qui avoient suivi
Ménélas en Egypte, se fait connoître
par son nom actuel assez analogue, qui
est Tora.

La vallée dans laquelle coule le Nil
étant peu spacieuse en cette partie, res-
serrée principalement par la montagne
orientale, que le nom d'*Arabicus mons*
distingue en général, & qui suit de près
la rive droite du Nil; cette vallée s'ouvre
de l'autre côté dans la montagne opposée,
ou le *Libycus mons*, une communication
avec un canton de terre qui semble isolé

Tome III. B

d'ailleurs. *Arsinoe*, autrement *Crocodilopolis*, étoit la ville principale de ce canton, qu'aujourd'hui on nomme le Feïum.
On sçait qu'il est couvert au nord par un
lac, & ce lac dans Strabon & dans Ptolémée paroît être le *Mæris*, mais ne sçau-
roit être le *Mæris* d'Hérodote & de Diodore. Le lac dont parlent ces auteurs est
un canal creusé de main d'homme, &
non pas l'ouvrage de la nature comme
est le précédent, canal prenant sa longueur du nord au midi, au contraire de
ce qui est connu du lac Arsinoïte ou du
Feïum. Une discussion étendue à toutes
les circonstances concernant cet objet,
ne convient qu'à un ouvrage particulier
comme celui qui a été cité sur l'Egypte.
Mais, un reservoir de trois mille six cents
stades de circuit ne devoit pas paroître
vraisemblable à plusieurs de ceux qui en
ont parlé de nos jours, lors sur - tout
qu'un stade fort inférieur de longueur au
stade commun ou olympique, ne s'étoit
point fait connoître, pour diminuer beau-

coup de cet excès d'étendue. Le vrai *Mœris*, dont Hérodote & Diodore font mention, se retrouve dans une lagune, dont la longueur du nord au midi, conformément au rapport d'Hérodote, prend environ neuf cents stades de l'ancienne mesure Egyptienne sur le local. De sorte, que dans le cas de vouloir que les trois mille six cents stades restent au Mœris, cette longueur donnée étant multipliée par quatre, les fournit justement en mesure de surface, & non en périmetrie ou circuit, selon le terme impropre dans Hérodote. On ne pouvoit s'expliquer plus succintement sur cet article. La lagune qui nous retrace le Mœris, est appelée Bathen, ou profonde. Un Labyrinthe contigu au Mœris, & construit par douze rois qui gouvernerent l'Egypte conjointement, convient à un lieu où il reste des vestiges d'antiquité. Celui dont parle Strabon, comme destiné à l'assemblée des préfectures de l'Egypte, & dont il indique la situation dans l'Arsinoïte, se retrouve de même dans le lieu nommé Haûara.

On ne trouve la vallée du Nil auſſi ſpacieuſe en aucun endroit que dans une partie de l'Heptanomide. *Heracleopolis*, diſtinguée par le ſurnom de *magna*, de celle dont on a parlé dans le Delta, étoit avec l'étendue de ſon diſtrict renfermée comme une iſle entre le fleuve & un canal latéral. On peut être ſurpris, que Strabon & Ptolémée qui ont connu cette ſituation, ayent toutefois méconnu le Mœris dans ce canal, qui eſt préciſément cette longue lagune de Bathen, dont il eſt mention ci-deſſus. Le culte rendu à un poiſſon ayant le nez pointu, donnoit le nom à *Oxy-rynchus*, ville conſidérable à l'écart du Nil, & dont la poſition ne peut mieux ſe rapporter qu'à Behneſé, ſur le canal, qui tiré du Nil plus haut que la dérivation conduite au Mœris, ſe rend dans le Feïum, & eſt appelé par les Coptes Barh-Iuſef, dans l'opinion que c'eſt l'ouvrage du patriarche Joſeph.

Cynopolis, ou ville du Chien, que l'Egypte adoroit sous le nom d'Anubis, étoit renfermée dans une isle du fleuve, ayant vis-à-vis une autre ville nommée *Cô*. La situation d'*Hermopolis magna*, ou de la grande ville de Mercure, est fort connue pour être celle que conserve Ashmunein, qui, si l'on en croit la tradition du pays, tire ce nom d'Ishmun, fils de Misraïm, le pere de la nation Egyptienne. A ce district se termine l'Heptanomide, dans l'intervalle de deux postes, l'un appelé *Hermopolitana Phylace*, l'autre *Thebaica*. On reconnoît dans ce canton une *Tanis*, dans le lieu actuel de Tauna, en remontant le canal qui sortoit du Nil à l'endroit ou la garde Thébaine avoit son poste. Il faut dire que l'une & l'autre *Oasis*, *magna* & *parva*, dépendoient de l'Heptanomide. On manque de connoissance actuelle sur le petit el-Wah, & nous remettons à parler de l'autre en traitant de la Thébaïde, comme étant en même hauteur. Pour ce qui est de

la droite du Nil en cette partie de l'E-
gypte , où le terrein est très - resserré
par la montagne , *Aphroditopolis* paroît
convenir au lieu nommé aujourd'hui
Atfieh , & le nom d'Ibrit , que l'on
trouve être donné à son district , est une
altération du nom que portoit le lieu
principal. Des grottes remarquables ,
creusées dans le roc de la montagne ,
& qui ont été des temples , près d'un
lieu appelé Béni-hassan , pouvoient appartenir à celui de *Speos - Artemidos*. Il
reste sur cette rive à parler d'*Antinoe* ,
qui n'étant primitivement qu'un lieu
obscur , nommé *Besa* , devint une ville ,
dont les vestiges témoignent la magnificence de l'empereur Adrien , pour perpétuer la mémoire d'un favori. La dénomination de cette ville est aujourd'hui
altérée en celle d'Ensené , & une sépul-
ture révérée lui fait même substituer le
nom de Shek-Abadé.

En entrant dans la Thébaïde , & après
avoir passé *Cusa* , aujourd'hui Cussié , on

trouve *Lycopolis*, ou *Lycôn*, la ville des
Loups, qui eſt encore de quelque con-
ſidération, un peu à l'écart de la rive
gauche du Nil, ſous le nom de Siut ou
Oſiot. Peu au - delà, on connoît des
veſtiges d'*Hypſelis* dans un lieu nommé
Sciotb; *Abotis* ſubſiſte dans Abutig; &
Apollinis minor civitas eſt en ruine dans
le lieu nommé Sedafé. De l'autre côté,
Selinon ſe retrouve dans le nom de *Silin*;
& *Antæopolis*, qui portoit le nom d'Antée, dont il eſt parlé comme ayant gou-
verné la Libye & l'Ethiopie ſous le regne
d'Oſiris, conſerve des veſtiges dans le
lieu qu'on nomme Kau-il-Kubbara. En
remontant plus haut, la dénomination
Egyptienne de *Chemmis*, qui fut un autre
héros contemporain du même prince,
eſt reſtée dans Ekmim, celle de *Pano-*
polis, ou de ville de Pan, donnée par
les Grecs, n'en ayant point fait paſſer
l'uſage dans le pays. En revenant à la
gauche du Nil, *Aphroditopolis*, conſa-
crée à Vénus, & *Crocodilopolis* au Cro-

B iv

codile , trouvent l'emplacement convenable dans les ruines de lieux nommés Itfu & Adribé. Une ville, qui sous la domination des Ptolémées construite à la manière des villes Gréques, devint la plus puissante dans l'Egypte supérieure, *Ptolémaïs* , avec le surnom d'*Hermii* , dont la signification est inconnue, conserve quelques vestiges dans un lieu aujourd'hui peu considérable sous le nom de Menshié. Girgé , qui un peu au-dessus est actuellement la principale des villes du Saïd , ne paroît exister que depuis environ trois cents ans ; & le lieu qu'occupoit une ville des premiers tems , nommée *This* , & dans le district de laquelle la Prolémaïde dont on vient de parler avoit été fondée, n'est point connu. *Abydus* , qui fut la résidence de Memnon , n'étant inférieure qu'à la grande Thèbes , est ensévelie dans ses ruines , comme le nom actuel de Madfuné l'exprime , & sa situation reculée du Nil , est conforme au témoignage de l'anti-

quité. A cette hauteur précisément est
l'*Oasis magna*. On appelloit *Oases* en
général quelques cantons de terre enve-
loppés des sables de la Libye, comme
des isles au milieu de la mer. Celui-ci
étoit un lieu d'exil, & c'est un trait de
l'imagination des Grecs de l'avoir appelé
l'isle des Bienheureux.

Au sommet d'un grand coude dans
le cours du Nil, *Diospolis parva* étoit
située dans le lieu nommé actuellement
How. Sur l'autre rive, *Chenoboscion* répond à la position dont le nom est Casr
Essaïad, ou château du Pêcheur. Vers
le fond d'un autre repli du fleuve sur
sa rive gauche, *Tentyra* ville autrefois
des plus considérables, conserve de
grands vestiges avec le nom de Den-
dera; & à peu de distance au-delà du
Nil, *Cænepolis*, c'est-à-dire ville nouvelle, convient à ce qu'on nomme aujourd'hui Kené. *Coptos*, & selon la forme
actuelle de ce nom Kept, n'étant point
sur le bord du Nil, un canal y conduit.

Cette ville étoit le grand entrepôt du commerce, par une route que Philadelphe rendit pratiquable dans l'espace de 257 milles, au travers d'un pays aride & désert, jusqu'à un port nommé *Berenice*, où les marchandises qui par le Golfe Arabique arrivoient de l'Orient, étoient débarquées. Cet avantage transporté il y a quelques siècles à un lieu nommé Kous, situé sur la rive même du fleuve, avoit fait de ce lieu peu considérable dans l'antiquité sous le nom d'*Apollinopolis parva*, la plus puissante ville qui fût dans le Saïd. On présume que *Maximianopolis* convient à la position de Nekkadi sur la rive gauche.

Nous arrivons à Thèbes, nommée par les Grecs *Diospolis magna*, ou la grande ville de Jupiter. Maltraitée par Cambyse, & depuis par Philométor, & même sous Auguste pour cause de rébellion, cette fameuse ville n'étoit plus dès lors habitée que par villages, de même qu'aujourd'hui les restes de quelques édifices,

qui donnent encore une grande idée de
leur ancienne magnificence, font répandus en différens lieux, dont les plus connus fe nomment Akfor, ou Luxor. Ce
qu'on lit dans les anciens fur fon étendue,
fçavoir 140 ftades de circonférence, en
donnant la longueur de 400 ou 420,
ne peut s'entendre qu'en changeant
l'emploi des termes, pour reconnoître
le jufte rapport du diametre à la circonférence. Si l'on trouve la longueur donnée d'environ 80 ftades par Strabon,
qui avoit accompagné à Thèbes un Gou-
verneur d'Egypte, elle ne différera guère
des 140, qui fe rapporteront comme il
convient de les prendre, à l'ancienne
mefure Egyptienne, & non à la mefure
du ftade devenu le plus commun dans
l'ufage. Cette folution de difficulté permet de voir dans la grande Thèbes une
ville immenfe, dont le circuit fera d'environ neuf lieues Françoifes, ou de 27
milles Romains. Ses débris font en effet
répandus en plufieurs lieux diftants les

B vj

uns des autres ; & sur la rive opposée, qui est la gauche du fleuve en descendant, un grand quartier étoit distingué par le nom de *Memnonium* ; & avec d'anciens vestiges, on y reconnoît en même-temps ce qui dans l'Ecriture porte le nom de *Phatures*. Les sépultures des rois, creusées dans la montagne Libyque, sont adjacentes.

Peu au-dessus du même côté est *Hermonthis*, conservant son nom en celui d'Erment, & de grands vestiges d'antiquité. Une *Aphroditopolis* prenant la place du lieu actuel d'Asfun, on juge que c'est sous le nom d'*Asphynis* que cette même ville se trouve citée entre les postes militaires de la Thébaïde. *Latopolis*, portant le nom d'un poisson qui y étoit adoré, est aujourd'hui Asna, ce qui signifie l'illustre. On connoît des vestiges d'*Apollinopolis magna* dans le lieu nommé Edfu. Une ville consacrée à l'Epervier, *Hieracôn-polis*, se place dans le voisinage ; & sur l'autre rive, *Elethyia*, ou ville de Lucine, avoit un autel souillé de victimes humaines. Le lieu de *Silsilis* est remarquable, par la circonstance que répondant à ce qu'on nomme Gebel Silsili, ou mont de la Chaîne, les rives du fleuve s'y trouvent resserrées entre l'une & l'autre des deux montagnes, au point de faire croire dans le pays qu'une chaîne étoit tendue d'un bord à l'autre. La position d'*Ombos* se fait connoître dans le nom de Koum-Ombo, ou colline d'Ombo. Enfin, nous atteignons *Syene*, dont le nom dans la forme actuelle ayant l'article préfixe, est Assuan. L'isle *Elephantine* ne s'en éloigne que d'un demi-stade ; & la Cataracte n'est au-dessus d'Elephantine que d'un espace de sept stades. De deux Cataractes différentes, celle-ci est la petite, la grande plus reculée étant en Nubie. Elle est formée par un rocher, qui du côté supérieur laisse couler les eaux d'une pente naturelle, jusqu'à leur chûte en arrivant à la partie inférieure, mais qui n'est pas si précipitée, que des esquifs ne puissent s'abandonner à la pente rapide sans se perdre. *Philæ* est une autre isle au-dessus de la Cataracte ; & toute petite qu'elle est ainsi qu'Eléphantine, c'est-là comme à Syené & à Eléphantine, qu'une des trois cohortes qui gardoient cette frontière, où se terminoit l'Empire Romain, avoit son poste. Il faut dire avant que de se porter ailleurs, qu'en s'éloignant de la rive droite du Nil vers la hauteur de Syené, le *Basanites mons* est remarquable par des carrières d'une pierre noire & dure, appelée Baram, & qui étant taillée fournit à l'Egypte des vases & ustensiles de ménage.

Il nous reste à parcourir le rivage du Golfe Arabique. A son extrémité, la position d'*Arsinoe*, dont il est aussi mention sous le nom de *Cleopatris*, prend celle du Suez. *Clysma* est un autre lieu, sur le même bord en tirant vers le midi, & auquel se rapporte la dénomination de Kolzum, que les Arabes étendent à tout le golfe. Une pointe recourbée en forme de faux, étoit appelée par cette raison *Drepanum*. Le *Myos-hormos*, auquel on trouve aussi le nom d'*Aphrodites*, ou de Vénus, l'autre pouvant s'interpréter le port de la Souris, est couvert d'une ou de plusieurs isles, portant le même nom d'*Aphrodites*. Le nom actuel, Sufange-ul-bahri, paroîtra avoir quelque rapport, en ce qu'il signifie éponge de mer, à celui que les Grecs donnoient à Vénus comme étant sortie de l'écume de la mer ; & le nom de *Suph*, appliqué au Golfe Arabique dans l'Ecriture, est propre à désigner des plantes marines & fluviales. Le port dont actuellement il est le plus parlé, comme plus en correspondance avec le haut pays de l'Egypte, & nommé le Coséïr, convient au *Philoteras* de l'antiquité. Le *Smaragdus mons* paroît peu éloigné de la mer, & c'est ce qu'en Arabe on trouve nommé Maaden Uzzumurud, ou mine d'Emeraude. Une pointe sous le nom

de *Lepte extrema*, est jugée correspondre
à un Cap que les Arabes appellent Ras-
al-enf, ou tête du nez. En entrant dans
un golfe qui succède à cette pointe,
Berenice étoit le port dont la position de
Coptos a donné occasion de parler ; &
l'estime que faisoient les anciens d'être
en même hauteur que le point de Syené,
sert de détermination à sa position.
Toute cette côte est habitée par des Arabes Ichthyophages, ou mangeurs de poisson, & devenus sauvages en contrac-
tant des alliances avec des Troglodytes,
que leur demeure dans des cavernes faisoit ainsi appeler.

LIBYA.

LE nom de *Libya* chez les Grecs s'étend
à toute l'Afrique. Mais, pris beaucoup
plus étroitement, & comme nous l'en-
tendons ici, il se renferme dans ce qui

fuccède à l'Egypte vers le couchant, jufqu'à un golfe de la Méditerranée appelé
la grande Syrte. Les Ptolémées, ou quelque prince de leur fang, poffédèrent ce
pays, & fous l'Empire d'Orient la Libye
fut annexée au gouvernement de l'E-
gypte. On y diftingue deux provinces,
dont l'une eft *Marmarica*, l'autre *Cyre-
naica*, la première limitrophe de l'E-
gypte, la feconde reculée vers la Syrte.
La nation des *Marmaridæ* avoit donné
le nom à la Marmarique, & il eft parlé
de celle des *Adyrmachidæ* comme étant
contigue à l'Egypte. En fuivant la côte,
on ne voit que des lieux trop obfcurs
pour devoir en faire mention, jufqu'au
Parætonium. Celui - ci étoit une place,
que les Ptolémées regardoient comme
une tête avancée pour couvrir leur frontière ; & al Baretoun, felon que le même
nom fe prononce actuellement, eft tenu
par le Grand-Seigneur comme une dépendance de fa domination en Egypte.
Apis, qui fuccède immédiatement, étoit

encore un lieu Egyptien par le culte qui y étoit établi. Et toute cette partie compose dans Ptolémée un Nome, appelé *Libycus.* La position dont le nom est *Marcotis,* avancée dans les terres, se peut appliquer à celle que donne la Géographie actuelle sous le nom de Si - wah. *Ammon* ou *Hammon,* qui étoit le Jupiter de l'Egypte, représenté avec une tête de bélier comme à Thèbes, avoit son temple dans un canton plus reculé, que les sables de la Libye environnoient. Ce lieu est décrit dans les écrivains de l'antiquité, comme renfermant différens quartiers dans une triple enceinte ; & les Ammoniens ayant eu des rois, comme on le voit dans Hérodote, leur demeure composoit un de ces quartiers. Selon la Géographie actuelle, ce qu'on trouve sous le nom de Sant-rieh paroît en tenir la place ; & par la nature du pays, qui ne laisse point distinguer d'autre objet, on n'est point embarrassé sur le choix.

Mais revenons au rivage de la mer.
Le lieu nommé *Catabathmus magnus*, ou
la grande defcente, aujourd'hui en langue Arabe Akabet-affolom, eft remarquable en ce que dans quelques anciens
auteurs il fait la féparation de l'Afie
d'avec l'Afrique. Ce lieu eft pris auffi
pour le terme de la Marmarique, en
donnant à la Cyrénaïque ce qui fuccède
immédiatement, felon l'étendue que les
princes qui régnerent à Cyrène pouvoient avoir donné à leur domination.
Cinq villes principales faifoient diftinguer la Cyrénaïque par le nom de *Pen-
tapo is*. En fe conformant à Ptolémée,
Darnis eft la première ville à citer dans
la Cyrénaïque, & Derne eft encore
fon nom. Des Lacédémoniens fortis de
Thera, ifle de la Mer Egée, fondèrent
Cyrene. Le dernier des Ptolémées qui
y regna, furnommé Apion, légua fon
royaume aux Romains, qui de la Cyrénaïque & de l'ifle de Crete formerent
une province. La ville étoit fituée affez

avantageusement pour être vue de la mer, quoiqu'elle en fût écartée. *Apollonia* étoit son port ; & parce que ce port se nomme aujourd'hui Marza - Susa , ou Sofush , on connoît que c'est une même ville que *Sozusa* dans un temps postérieur , ou du bas-Empire. Cyrene dès-lors fort dégradée , conserve néanmoins quelques restes , avec le nom de Curin.

La pointe du continent de la Libye qui s'avance le plus en mer , *Phycûs promontorium* , se nomme aujourd'hui Ras-al - Sem , & chez les gens de mer Cap Rafat. *Ptolemais* , que l'on trouve quelquefois confondue avec *Barce* , qui néanmoins avoit sa position particulière à l'écart de la mer , garde son nom dans celui de Tolometa , & le nom de Barca est assez connu. *Teuchira* , qui sous le regne des princes Egyptiens avoit pris le nom d'*Arsinoe* , fait retrouver le primitif dans Teukera sur ce rivage. *Adriane* qui suit , conviendroit à ce qu'on nomme actuellement Ben - gafi. *Berenice* se

fait connoître par le nom de Bernic :
mais il faut dire, que sur quelque témoignage particulier, Ben - gasi & Bernic
seroient le même lieu diversement appelé. Quoiqu'il en soit, la même ville
étoit aussi désignée par le nom d'*Hes-
peris*, & l'antiquité y place le jardin des
Hespérides. L'enfoncement de la grande
Syrte acheve de terminer cette contrée.
Dans l'intérieur, quelques portions de
terre, qui comme Ammon & les Oases
de l'Egypte, ont au milieu d'un pays
aride & sabloneux, des eaux, & des
plans de palmiers ou dattiers, plutôt
que d'autres espèces d'arbre, ne font
point sans habitation, & il en est ainsi
d'*Augila*, qui conserve le même nom.
De plusieurs nations fort obscures de la
Libye, il faut excepter les *Nasamones*,
qui adjacents à la grande Syrte vers sa
profondeur dans des terres, étoient dé-
criés par un brigandage exercé sur les
bâtimens, qui jettés à la côte y faisoient
naufrage. On ajoute sur leur compte,

qu'ils avoient presque détruit la nation des *Psylli*, que l'opinion d'avoir du pouvoir sur les serpens, & le don d'en guérir la piquure en suçant la playe, distingue dans l'antiquité.

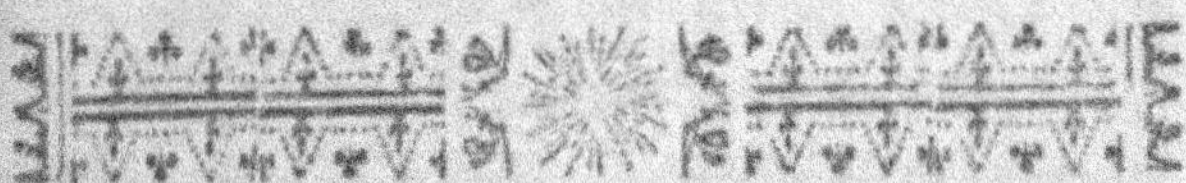

I I.

ÆTHIOPIA

SUPRA ÆGYPTUM.

LE Nil, en le remontant au-deſſus de ſon entrée en Egypte, nous conduira dans l'intérieur de l'Ethiopie. Si l'on s'en rapporte aux différentes verſions de l'Ecriture, au témoignage de Joſephe & de ſaint Jérôme, le nom de *Chus*, tiré d'un des fils de Cham, convient à cette contrée. Celui d'*India* lui eſt appliqué en pluſieurs endroits de l'antiquité. Elle borde le Golfe Arabique, & par une continuité d'étendue vers le midi, la Mer Erythrée. Ptolémée la reſſerre vers le couchant parce qu'il déſigne ſous le nom de Libye intérieure, que quelque enchaînement de circonſtances locales

nous sera néanmoins entamer ici. Ce
qui a été dit en parlant de l'Egypte sur
la nature du pays, en diftinguant les
terres adjacentes au Nil, d'avec ce qui
s'en écarte, continue d'être femblable
dans ce qui fuccède immédiatement fous
le nom actuel de Nubie, jufqu'à une autre difpofition de pays, qu'en reculant
plus loin on trouve dans ce qu'on nomme l'Abyffinie. Entre plufieurs lieux atta-
chés au cours du Nil, on reconnoît *Pre-
mis* dans le nom d'Ibrim, comme prononcent les Turcs, qui étendent les limites de leur domination jufque-là. Dans
Ptolémée, c'eft avec l'épitethe de *parva*
que l'on trouve ce lieu, pour le diftinguer d'un autre de même nom, mais
beaucoup plus reculé, & qui n'eft point
connu aujourd'hui. La grande Cataracte
dans une montagne appelée Genadel,
eft peu au - deffus d'Ibrim. Ces bords
du Nil étoient occupés par les *Blemmyes*, dont la figure auroit été monf-
trueufe, felon qu'en parlent quelques
auteurs

auteurs anciens ; & on lit en effet dans un historien, que des hommes de cette nation amenés à Rome sous l'empereur Probus, parurent extraordinaires aux yeux du peuple Romain. Des *Nobatæ*, qui habitoient aux environs de l'Oasis, furent établis vers Eléphantine, pour contenir les Blemmyes. C'est sous le nom d'al-Kennim qu'on connoît actuellement la nation de cette partie de la Nubie. Une position appelée *Cambysis ærarium*, désigneroit le dépôt de la caisse militaire de Cambyse, qui poussa son expédition au-delà des limites de l'Egypte, & dont l'armée fut presque ensévelie sous les sables. Selon les notions actuelles, quand après avoir quitté les bords du Nil à Siut, on a passé l'el-Wah, la traversée d'un désert des plus arides fait retrouver le bord du fleuve dans un lieu nommé Mosho, vis-à-vis duquel est une isle appelée Argo, & dans Ptolémée on trouve une position dont le nom se lit *Arbos.* Une insulte

Tome III. C

faite au nom Romain fur la frontière
d'Egypte fous le regne d'Auguste, fit
paffer une armée Romaine jufqu'à *Na-
pata*, qui étoit la réfidence d'une reine
nommée Candace ; & on eft inftruit
qu'en cet endroit le Nil n'eft diftant du
Golfe Arabique que de trois journées.

Il faut maintenant parler de *Meroe*,
que les anciens croyoient être une ifle.
Deux fleuves que le Nil reçoit fucceffivement
fur fa rive droite, *Aftaboras*,
& plus haut *Aftapus*, renfermeroient en
effet Meroé, fi ces deux fleuves avoient
une communication entre eux. Le premier
nommé eft celui qui dans l'Abiffinie
eft appelé Tacazé. A fon confluent
dans le Nil une ville qu'indiquent les
Géographes Arabes fous le nom d'Ialac,
feroit la ville même du nom de *Méroe*,
felon la pofition que lui donne Ptolémée
à ce confluent. Mais, on trouve
une diftance donnée, pour remonter par
le Nil jufqu'à cette ville, dont le nom
dans la Géographie Arabe de l'Edriffi eft

Nuabia, comme étant commun à la
capitale & au pays, de même qu'il en
eſt de Meroé dans l'antiquité ; & on voit
l'affinité de ce nom avec celui qui eſt
devenu propre à la Nubie. Des Egyptiens bannis par Pſammitichus, & appelés *Sebridæ*, ce qui les déſignoit comme
étrangers, obéiſſoient à une reine en
poſſeſſion du trône à Méroé. Mais, plus
avant dans le pays, & à quelque diſ-
tance du cours du Tacazé au levant,
Auxume étoit une ville royale, dont les
veſtiges ayant quelques reſtes de ce qui
décoroit les villes Egyptiennes, confer-
vent le nom d'Axum. Ce fut dans un
lieu peu éloigné de cette ville dominante, que Frumentius, envoyé d'Alexandrie par S. Athanaſe, pour porter la
lumière de l'Evangile en Abiſſinie, éta-
blit ſa réſidence, qui conſerve ſon nom
en celui de Frémona. On arrivoit à
Auxume, en partant d'Adulis près du
Golfe Arabique, par une ville nommée
Coloe, qui peut ſe rapporter à celle qui

fous le nom de Dobarua eſt la demeure d'un prince Abiſſin, appelé le Bahr-Nagash, ou roi de la contrée maritime. Il faut citer le monument d'Adulis, qui eſt une magnifique inſcription Grecque, que le troiſième des Ptolémées, ou Evergete, avoit placée ſur un trône de marbre pour perpétuer la mémoire d'une grande expédition en ces contrées. Entre pluſieurs provinces que ce prince dit avoir conquiſes, on trouve celle de *Semen*, engagée dans les hautes montagnes dont une partie du pays eſt couvert, & ce nom y eſt encore le même.

Le Nil reçoit au-deſſus de l'*Aſtaboras*, & du même côté, ſelon ce que nous avons dit précédemment, un autre fleuve, nommé *Aſtapus*. C'eſt ſur quoi le témoignage des auteurs anciens les mieux inſtruits eſt formel. Ce fleuve ne ſçauroit être que l'Abawi des Abiſſins, dans les ſources duquel on s'eſt flatté depuis leur découverte au commencement du ſiècle précédent, de trouver

les sources du Nil, l'objet des recher-
ches de l'antiquité, & sur lequel les
opinions étoient étrangement parta-
gées. Ptolémée faisant sortir l'*Astapus*
d'un marais ou d'un lac qu'il nomme
Coloe, on reconnoît dans cette circonstance particulière le Bahr Dambea, où
l'Abawi voisin de son origine porte ses
premiers courans d'eau. On est actuellement informé, que ce fleuve, qui en
sortant des limites de l'Abissinie entre
dans la Nubie, y rencontre un autre
fleuve, venant d'une partie de l'Afrique plus reculée dans l'intérieur de ce
vaste continent, & le nom sous lequel
il se fait connoître en arrivant à cette
jonction est Bahr-el-abiad, c'est-à-dire
rivière blanche. Or, ce fleuve représente d'une manière positive celui que
les anciens appellent le Nil, distincte-
ment de ce qu'ils connoissent sous le
nom d'*Astapus*. Dans la nécessité où nous
met l'antiquité de trouver deux fleuves,
reçus successivement par le Nil sur la

droite de son cours, l'Abawi nous montre le fleuve supérieur, comme le Tacazé s'est montré l'inférieur. Un article sur lequel il ne s'agissoit pas moins que de détruire des idées reçues, demandoit cette discussion.

Au-reste, quoique le Nil de Ptolémée, sortant de deux lacs au pied des montagnes de la Lune, puisse encore paroître dans la Géographie, c'est avec la réserve de ne pas reculer ces objets jusque dans l'hémi-sphère austral. Le *Colœ* qu'il place sous la Ligne, est toutefois plus septentrional de douze degrés. Il faut observer, que si le Nil venoit de plus loin que la Ligne équinoxiale, les pluies régulières qui dans la Zône Torride suivent le cours du Soleil, lorsqu'il est successivement vertical tant au-delà qu'en-deçà de la Ligne, entretiendroient le débordement annuel du fleuve dans plus d'une saison. En consultant les Géographes Arabes, on trouve qu'ils ajoutent à Ptolémée un troisième lac;

recevant les deux branches du Nil, & duquel outre le Nil d'Egypte, comme ils s'expliquent, sort un autre fleuve qu'ils appellent le Nil des Nègres. Mais, une cause égale & simultanée, faisant déborder les rivières qui coulent en même hauteur de climat, il n'est pas nécessaire de supposer un partage des eaux du Nil, pour qu'un autre fleuve déborde en même-temps. On, a cependant appris, qu'au temps du débordement, un canal nommé Bahr - el - azurak, ou rivière bleue, met une communication entre le Nil & la rivière d'un pays connu sous le nom de Bournou. Ptolémée instruit de plus de circonstances dans l'intérieur de l'Afrique que les autres Géographes de l'antiquité, nous donne cette rivière sous le nom de *Gir*. Tirant son origine de ce qui est appelé *Vallis Garamantica*, on croit reconnoître le même nom dans celui de Gorham, selon la Géographie moderne. Et un lac placé entre ce fleuve & le Nil, & appelé *Nuba Palus*, se

C iv

retrouve dans celui sur lequel une ville
nommée Kaugha est située, selon les
mêmes notions actuelles. Si le nom des
Nubæ se trouve répété en plusieurs endroits, c'est particulièrement aux environs du marais Nube, qu'il doit être
placé. On voit dans Ptolémée une dérivation du Gir vers des marais nommés
Chelonides, ou des Tortues. La Géographie Arabe fait mention d'une rivière,
qui après avoir passé par la ville de Kou-
kou, résidence d'un prince, coule dans
l'espace de plusieurs journées vers le
midi pour se rendre dans des marais.
C'est tout ce qu'on est en état de dire,
en cherchant à combiner les circonstances données dans cette partie intérieure.
Gira metropolis sur le Gir, doit être la
capitale du royaume que traverse ce
fleuve qui va terminer son cours dans
un lac, de même qu'en cette contrée
plusieurs autres rivières ne peuvent con-
tinuer de couler jusqu'aux rivages de la
mer.

Après avoir ainsi parcouru le fond des terres, c'est la partie maritime qui doit nous occuper maintenant : elle nous conduira au terme le plus reculé de l'ancienne Géographie vers le midi. La terre adjacente au Golfe Arabique étoit appelée *Troglodytice*, parce que les habitans font leur demeure dans des cavernes, & Ptolémée Philadelphe se l'assujettit. C'est ce qu'on nomme la côte d'Habesh, du même nom que celui d'Abissinie, dont on ne peut supprimer l'aspiration que par complaisance pour l'usage. La ville de *Berenice*, à laquelle conduisoit une voie ouverte depuis Coptos, comme on a vu dans la description de l'Egypte supérieure, étoit sur un golfe, que son fond étant sale, comme disent le marins, faisoit appeler *Sinus Immundus*. Dans un Géographe Arabe, son nom est Giunal-Malik, ou Golfe du Roi. Au-devant est une isle, qu'une pierre précieuse faisoit nommer *Topazos*, & qui infestée de serpents, avoit été nommée *Ophio-*

des, ou Serpentaire. C'est sous le nom
de Zemorgete qu'on la trouve actuellement. Une pointe, fort connue des navigateurs du golfe, & qui se nomme Cal-
més, porte des tombeaux, ce qui nous
indique positivement le promontoire du
nom de *Mnemium*, dérivé d'un terme
Grec qui signifie la même chose. Peu
loin de la côte, une montagne ayant
des mines, dont les Ptolémées tiroient
beaucoup d'or, fait trouver une *Berenice*, distinguée par le surnom de *Pan-
chrysos*, qui dans le Grec veut dire tout
or. Le nom de cette montagne dans les
Géographes Arabes, qui parlent de sa
richesse, est Alaki ou Ollaki, & on connoît un port voisin appelé Salaka Celui
qui sous la domination des Ptolémées
étoit appelé *Theôn soter* ou *Soterôn*, c'est-
à-dire Sauveur ou des Dieux Sauveurs, &
auquel convient aussi le nom de *Suche*,
qui pouvoit être propre aux naturels du
pays, que l'on trouve appelés *Suchiim*
dans le texte de l'Ecriture, se fait con-

noître comme étant Suakem. Dans son bassin de peu d'étendue, une petite isle contient une ville très - peuplée, & de grand commerce, où réside un Pacha Turc. *Ptolémais*, que la chasse des Eléphans faisoit surnommer *Epi-theras*, ou *Ferarum*, étoit située sur une pointe de terre, qu'on avoit même isolée par une coupure, & qu'on trouve actuellement sous le nom de Ras Ahehaz. Des sçavans se sont mépris en prenant Matzua, dont nous allons parler, pour cette Ptolémaïde. Une circonstance remarquable dans son voisinage, c'est la mention qui est faite d'une dérivation du fleuve Astaboras dans le golfe.

Il est parlé d'*Adulis* dans l'antiquité comme du lieu le plus fréquenté de cette côte; & par une correspondance de position avec la ville royale des Auxumites, on voit que la hauteur donnée dans Ptolémée est trop reculée vers le midi. Le lieu de ce nom étoit à quelque distance du rivage, dans l'enfonce-

ment d'une anse fpacieufe , dont la plage
fe nomme Arkiko , ayant fur la droite
la petite ifle de Matzua. Au-devant de
cette anfe eft la plus grande des ifles
qui foient dans le golfe , & que l'on
trouve nommée *Orine* , c'eft - à - dire
montueufe , comme elle fe montre en
effet en venant du large. Son nom actuel
eft Dahlak. On reconnoît un autre port
plus reculé , & une ville fous le nom
de *Sabæ*, dans celui d'Affab , qui pourroit avoir pris cette forme par l'union
d'un article préfixe , comme dans la
langue Arabe , ou lui être commun avec
le nom d'*Affabinus* , que les Troglodytes donnoient à leur Jupiter. La dernière place fur le golfe , & nommée
Berenice , étoit diftinguée des autres de
même nom par le furnom d'*Epi-dires* ,
comme adjacente au détroit ferré en
forme de col , par lequel ce golfe communique à la Mer Erythrée. A cette
hauteur eft la contrée appelée *Cinna-
momifera*. Le Cinnamome , dont on ne

connoît plus que le nom, qui actuellement se donne à la Canelle, est un
arbrisseau, dont les rameaux ont une
écorce, qui chez les anciens étoit très-
estimée & de grand prix. Les Troglodytes traversant le golfe sur des radeaux,
portoient à *Ocelis*, dont nous avons parlé
en Arabie, la récolte qu'ils faisoient du
Cinnamome, & on en trafiquoit aussi
dans un autre port nommé *Mosylon*,
au-delà du détroit.

Ce qui nous reste à parcourir ne se
tire que de Ptolémée, & de l'auteur
d'une description des rivages de la Mer
Erythrée, sans qu'aucun autre monument de l'antiquité y contribue. Un
golfe nommé *Avalites* succède au Golfe
Arabique, & ce qu'on nomme aujour-
d'hui Zeïla répond à l'*Emporium* des
Avalites, auxquels une nation de Nubes
étoit associée. Après divers ports, &
entre autres le *Mosylon*, que l'entrée
d'une rivière sous le nom de Soûl ou
de Soal, comme on le connoît actuel-

lement, paroît indiquer, vient le grand
promontoire appelé *Aromata* dans Ptolémée, autrement *Aromatum* au génitif,
ou des Aromates, le plus avancé vers
l'orient qui soit en tout le continent
de l'Afrique, & dont le nom actuel est
Guardafui. Un promontoire plus reculé
vers le midi, & formant une cherso-
nèse ou péninsule, comme en effet on a
connoissance du Cap d'Orfui, est remarquable par le nom de *Zingis* dans Prolémée. Car, on y reconnoît le nom de
Zendge, que les Arabes ont étendu jusqu'à Sefareh, lui donnant le surnom
d'el-Zendge, & qui est Sofala, ce qui
porte cette dénomination plus loin qu'il
n'est d'usage dans la Géographie moderne d'employer le nom qui s'écrit
Zanguebar. La terre qui borde ce rivage
de la mer est appelée *Barbaria*, & d'un
autre nom qui est *Azania*, lequel se
conserve en celui d'Ajan. Une pointe
qui change la direction de la côte, &
que les Portugais ont nommée das Baxas

ou des Basses, représente le promontoire appelé *Noti cornu*, ou pointe méridionale. Le *Magnum littus*, ou la grande plage, peut se rapporter à Magadasho, & quelqu'autre des anciens lieux sur cette côte convenir à Brava. La mer faisant reculer le rivage de l'Afrique jusqu'au-delà du passage de la Ligne, forme ce qui étoit appelé *Barbaricus Sinus*.

Mais, une dernière ville à connoître sur cette côte est *Rapta*, avec la qualification de *metropolis*. Elle tiroit son nom des petits bâtimens qui cotoyent ce rivage, & dont les pièces ne sont unies que par des coutures, la signification propre du même terme étant la même dans la langue Arabe que dans le Grec. Ptolémée, qui dans ses prolégomènes, & par un cas particulier, discute ce qu'il convient de donner d'espace entre le Cap Aromata & Rapta, fixant la différence de hauteur à treize degrés, celle qui nous est actuellement

donnée du Cap Guardafui , veut que
Rapta prenne ſa poſition vers le ſecond
degré de latitude auſtrale , & non au-
delà. Elle étoit ſur un fleuve , qui du
nom de la ville eſt appelé *Raptus*. Or,
à cette hauteur préciſément on en connoît un , qui diviſé en pluſieurs bras
près de la mer , renferme pluſieurs villes voiſines les unes des autres , Paté ,
Siô , Ampaza , Lamo. On doit à l'auteur du Périple de la Mer Erythrée , cité
précédemment avec Ptolémée , une cir-
conſtance digne de remarque , qui eſt
que tout ce pays par un droit fort ancien
eſt dans la dépendance de l'Arabie , &
d'un de ſes princes en particulier ; &
que les habitans de *Muza* , ville maritime de l'Arabie , dont il a été parlé en
ſon lieu , tiennent en ce pays des Fac-
teurs pour y percevoir des droits. On
apprend par-là que l'établiſſement des
Arabes ſur cette côte , eſt bien antérieur au Mahométiſme , dont on pourroit croire que la propagation les y au-

roit conduits. On en tire même, pour trouver la situation de l'*Ophir*, où les flottes de Salomon alloient chercher de l'or, un argument positif, qui avoit échappé à ceux qui dans la recherche de ce pays ont jetté les yeux sur la côte orientale de l'Afrique. C'est sur quoi, comme sur un point qui tient à l'ancienne Géographie, qu'on peut consulter un mémoire du volume XXX de l'Académie des Belles-lettres.

Dans l'intérieur des terres, le nom d'*Agizymba* donné par Ptolémée à une vaste étendue de pays, désigne dans la langue Ethiopique d'Abissinie une contrée méridionale. Il paroît aussi avoir quelque rapport à celui des Zimbas, qui sont connus pour Anthropophages, semblables par cet endroit à des Ethiopiens que l'on trouve dans Ptolémée. Ce que la Géographie a de plus reculé dans l'antiquité, est un promontoire nommé *Præsum*, comme s'il eût été appelé Cap Verd; & la différence de huit degrés dans la hauteur à l'égard de Rapta, comme elle est donnée par Ptolémée, nous arrête à une pointe, qui a pris des navigateurs Portugais le nom de Cabo Delgado, ou de Cap Délié, par environ dix degrés de latitude australe. Un point de latitude moins reculé dans Ptolémée, dans l'indication de l'isle *Menuthias*, ne peut mieux convenir qu'à Zanzibar, la principale de trois isles qui sont connues au-devant du continent. Appliquer, comme on a fait dans des Cartes, ce point unique à la grande isle de Madagascar, c'est passer les limites de ce que Ptolémée donne de Géographie, nonobstant le vice qu'on connoît dominant de prendre plus d'étendue qu'il ne convient aux espaces du local correspondant. La plus ancienne notion qu'on ait de Madagascar est due à Marc-Pol, & ne remonte qu'au treizième siècle. En terminant la description de ce que l'antiquité connoissoit en Asie vers l'orient, nous avons remarqué, que son

tivage le plus reculé est amené par Ptolémée vers le couchant, pour joindre
celui de l'Afrique que nous venons de
parcourir, ce qui borne dans Ptolémée
une mer, dont le nom de *Prasodis*,
comme qui diroit verdoyante, semble-
roit dérivé de celui d'un promontoire
reconnu ci - dessus. L'idée qui paroît
dans quelques auteurs de l'antiquité
d'une population d'*Antichthones*, ainsi
appelés comme ayant les pieds oppo-
sés aux habitans de l'hémi-sphère boréal,
en attribuant à cette population la zône
tempérée méridionale, peut avoir donné
à Ptolémée l'opinion d'une terre en cette
zône. L'auteur du Périple de la Mer Erythrée paroît au contraire de Ptolémée,
disposé à croire, qu'au-delà de ce qu'il
décrit sur la côte Afriquaine, l'Océan
s'enfonce vers le couchant, pour se joindre à la mer occidentale, mais c'est en
convenant qu'on n'en a point de notion
positive. Rien n'étoit si peu avéré chez
les anciens, comme on en juge par Pto-

lémée, que le récit qu'on faisoit de quelques navigations, qui auroient tourné le
continent de l'Afrique par le midi.

III.

AFRICA.

NUMIDIA.

MAURETANIA.

Dans ce titre sont rassemblées les différentes contrées d'un grand espace de pays, qui depuis le terme donné à la Libye sur la grande Syrte, s'étend jusqu'à l'Océan Atlantique. Chez les anciens le nom de *Syrtis* étoit propre à deux golfes sur la côte d'Afrique, l'un *major*, l'autre *minor*, dans lesquels des bancs & des écueils, & une inégalité de mouvement qu'on croyoit voir dans la mer, rendoient la navigation périlleuse. Les marins ont corrompu ce nom, en appellant Golfe de Sidra ce qui répond

à la grande Syrte. Au fond de ce golfe,
Philænorum aræ, les autels des Philènes, monument consacré à la mémoire
de deux frères Carthaginois, qui s'é-
toient exposés à la mort pour étendre
jusque-là les dépendances de leur patrie,
étoient regardés comme le lieu de séparation, entre la Cyrénaïque & le pays
d'Afrique plus reculé vers le couchant.
Sous les Ptolémées, les limites de la
Cyrénaïque étoient poussées plus loin
jusqu'à une tour nommée *Euphrantas*.
Dans cet intervalle, *Macomades Syrtis*
est un lieu actuellement ruiné, appelé
Sort. Strabon parle d'un grand lac débou-
chant dans la Syrte, & ce lac forme une
Saline, dont l'entrée est nommée la
Succa. Un promontoire, qui étoit appelé *Cephalæ*, ou les têtes, aujourd'hui
Canan ou Cap de Mesrata, termine la
Syrte. Plus loin est le *Cinyphs*, tirant sa
source d'une colline, à laquelle Héro-
dote donne le nom de *Charitum*, ou des
Graces, éloignée de la mer de 200 sta-

des ; & on a appris que ce petit fleuve
est appelé dans le pays Wadi - Quaham.
Il faut en s'éloignant de la côte à quelque distance, parler d'une ville, qui a
fait quelque bruit dans ces derniers
temps comme étant pétrifiée , sur ce
que des pâtres de la campagne à la vue
de quelques bas - reliefs sculptés dans
le marbre , étoient venus débiter qu'il
y avoit des hommes , des animaux ,
des fruits de pierre. Le lieu s'appelant
Gherzé , se fait connoître dans Prolémée par le nom de *Gerisa.*

Selon Prolémée , le pays dont nous
avons entamé la description depuis les
autels des Philènes , est compris dans ce
qu'il appelle Afrique comme proprement dite. Mais, en cette partie on distingue une province de l'Empire d'Occident , sous le nom de *Tripolis* , que
trois villes principales faisoient donner
à la contrée , comme dans la Cyrénaïque on a vu une Pentapole. La première,
& qui fut la plus considérable , *Leptis* ,

avec le surnom de *magna* , par distinction d'une autre située hors des limites
de la Tripolitane , devoit sa fondation
aux Phéniciens , & dans ce qui en reste
de vestiges on connoît son nom en celui
de Lebida. *Œa* est la seconde de ces
villes , & c'est elle qui a pris le nom de
Tripoli , en faisant déchoir les autres.
Sabrata , qui est la troisième , conserve
son nom dans un Géographe Arabe ,
qui décrivant cette côte fait mention
d'une tour appelée Sabart. C'est le Tripoli vecchio des navigateurs de la Méditerranée. On peut dire que *Pisida* ,
qui est plus loin , & son port , ont fait
par altération le nom actuel de Fissato.
Immédiatement en - deçà de la petite
Syrte , *Meninx* , autrement *Lotophagitis* ,
& postérieurement *Girba* , est une isle
assez connue sous le nom de Zerbi , &
qui n'est séparée du continent que par
un canal assez étroit pour qu'on le traverse sur un pont. Une ville portant le
même nom de *Meninx* , pourroit avoir

été

été ce qu'on nomme actuellement Za-
daïca. L'arbre appellé *Lotus*, recommen-
dable par la nourriture & la boisson que
fournit une espèce de gland qu'il produit, faisoit appeler Lotophages, non-
seulement les habitans de cette isle,
mais plusieurs autres peuples répandus
entre l'une & l'autre Syrte.

Il est à propos de quitter le voisinage
de la mer, pour ne point trop s'éloigner
de ce qui y répond dans l'intérieur des
terres. *Phazania* est une contrée, qui
conserve son nom dans le Fezzañ, sur la
route qui de Tripoli conduit en Nigritie.
Cydamus est Ghedemés, où sont encore
quelques restes d'antiquité, & des tra-
ces d'anciennes voies indiquent la communication qu'avoit cette ville avec des
places maritimes. Les armes Romaines
pénétrèrent fort avant en ces contrées,
& jusque chez les Garamantes, sous le
regne d'Auguste. Entre autres noms de
villes qui parurent dans le triomphe de
Balbus le jeune, celle dont le nom se

lit *Tabidium* , autrement *Thabudis* dans
Ptolémée , se trouve être appelée Tibe-
dou sur la route dont on vient de parler.
Quelques autres connoissances, que l'auteur de cet ouvrage a tirées d'un Envoyé
de Tripoli , lui ont indiqué en ce canton un torrent desséché , appelé Wad'
el Mezzeran , ou Mezjerad (par équivoque de prononciation) ; & on le
reconnoît dans Ptolémée sous le nom
de *Bagradas* , mais en le confondant
par un prolongement de cours qui n'e-
xiste point , avec le *Bagradas* , qui a son
cours dans l'Afrique propre , & dont le
nom selon la forme actuelle de Mejerda
est bien le même que Mezjerad. La
grande nation des *Garamantes* tiroit son
nom de la ville de *Garama* , & on trouve
Gherma dans la Géographie Arabe. Les
noms de Mederam & de Tasava , que
cette Géographie donne à des lieux de
ce même canton , conviennent aux positions de *Bedirum* & de *Sabe* dans Prolémée. On a aussi quelque notion de

rivières en cette même contrée , comme
en effet on y voit un fleuve *Cinyphus*
dans Ptolémée , mais avec une méprise
pareille à ce que nous venons de remarquer dans le *Bagradas* , en le mêlant avec
le *Cinyphs* dont il a été parlé , & qui
n'ayant de cours que ce qui nous est indiqué depuis sa source jusqu'à la mer ,
ne peut venir de si loin. L'estime que
deux voyageurs Romains cités par Ptolémée , avoient faite de leur route en
partant de la grande Leptis , décide de
l'éloignement de Garama dans l'intérieur des terres.

Pour revenir au pays maritime , la
petite Syrte s'appelle aujourd'hui le Golfe
de Gabés , tirant ce nom de l'ancienne
ville de *Tacape* , située au fond de ce
golfe , & qui subsiste avec l'altération
que l'on voit dans son nom. Celui d'el-
Hamma dans un lieu des environs , &
propre dans le langage du pays à désigner des eaux chaudes , indique les *Aquæ
Tacapinæ.* Il en est de l'Afrique comme

de l'Europe & de l'Asie, qui est d'avoir
un canton de pays distingué par le nom
d'*Africa*, en l'appliquant à la partie de
ce continent la plus à portée de l'Italie
en général, & de la Sicile en particulier.
L'ancien peuple de ce pays étoit Numide,
vivant sans demeure fixe, ce qui peut
autoriser une équivoque que l'on trouve
entre le nom des Numides & celui de
Nomade, comme si ces dénominations
étoient également empruntées de la langue Grèque. Une terre naturellement
très-fertile, étoit sans culture ; & en parlant d'après Strabon, ce peuple aban-
donnoit les campagnes aux bêtes féroces,
pour se déchirer lui-même par des bri-
gandages. La domination que les Carthaginois vinrent établir dans le pays,
dût y apporter du changement à cet
égard ; & l'auteur qu'on vient de citer,
fait honneur à Massinissa, que son attachement aux Romains dans la seconde
guerre Punique rendit très-puissant,
d'avoir beaucoup contribué à civiliser

la nation Numide. Mais, la Numidie ayant été diftinguée de l'Afrique, c'eft de celle-ci féparément que nous allons parler.

A F R I C A.

ELLE eft enveloppée de la mer de deux côtés; au levant, depuis le fond de la Syrte mineure jufqu'au promontoire *Hermæum*, ou de Mercure, appelé aujourd'hui Cap Bon; au nord, depuis ce promontoire jufqu'aux limites de la Numidie. On reconnoît fon nom dans celui de Frikia, qui eft demeuré au canton principal du pays, que traverfe le *Bagradas* pour fe rendre dans la mer; & on peut remarquer que le nom de ce fleuve fouffre peu d'altération fous la forme actuelle de Megerda. Il eft à propos d'ajouter, qu'une ligne de féparation entre la province d'Afrique & la Numidie, paroît donnée par celle qui fépare également le royaume de Tunis d'avec celui d'Alger. Le pays adjacent

à la Syrte étoit distingué par le nom de
Byzacium. On le nommoit aussi *Empo-
riæ*, & sa grande fertilité en grains pouvoit en effet le faire regarder comme un
dépôt de subsistance, qu'on abordoit par
mer. Il y avoit une ville du même nom
de *Byzacium* que le pays, & la Géographie Arabe en fait connoître la position
dans celle dont le nom se lit Beghni. En
parcourant les villes maritimes depuis le
rivage de la Syrte, la première qui se
présente dans l'ordre qu'on se propose
de suivre, *Macomades*, avec le surnom
de *minores*, par distinction du lieu de
même nom que nous avons vu dans le
fond de la grande Syrte, est ce qu'aujourd'hui on nomme el-Mahrés. *Thenæ*
conserve le nom de Taineh, & Sfakes
qui actuellement est l'échelle la plus fré-
quentée sur cette côte, paroît rempla-
cer *Taphrura*. Ce nom, qui semble un
dérivé du terme Grec *Taphros* désignant
un fossé, auroit ainsi du rapport à celui
que le second des Scipions fit tirer selon

Pline, pour fixer les limites du pays concédé aux rois de Numidie, jufqu'à *Thenæ*, dont on remarquera que la pofition eft immédiatement voifine de *Taphrura*. Peu au-delà, *Cercina*, qu'un canal étroit fépare d'une ifle plus petite, regarde le continent, & fon nom fubfifte en celui de Kerkeni. Quoiqu'il ne foit mention de *Caputuada* que du regne de Juftinien, il n'y a point d'inconvénient à dire que la pointe appelée Capoudia nous l'indique. A quelque diftance de la mer, un lieu nommé el-Jem, dans lequel entre autres veftiges d'antiquité on voit un amphithéâtre, répond à la pofition de *Tyfdrus*. Une péninfule, fur laquelle un prince qui fe difoit iffu de Mahomet par Fatime, conftruifit dans le dixième fiècle une place fous le nom de Mahdia, & que les Francs nomment Africa, paroît avoir été l'emplacement de *Turris Hannibalis*, d'où ce fameux Carthaginois, toujours redouté des Romains, partit en quittant l'Afri-

que pour se retirer en Asie. Dans cette
partie de l'Afrique conquise par les Arabes dès le premier siècle du Mahomé-
risme, la position de Kairwan, écartée
de la mer, & qu'Ocba, qui fit cette
conquête, choisit pour servir de résidence aux Gouverneurs du pays sous
l'autorité des Kalifes, est prise par con-
jecture pour le *Vicus Augusti* de l'antiquité.

Nous continuerons de suivre la côte,
& *Tapsus*, qu'une grande victoire rem-
portée par César rend mémorable, laisse
entrevoir son nom dans celui d'un lieu
appelé Demsas. Il en est de même du
nom de Lemta à l'égard de *Leptis*, qui
nonobstant la distinction de *minor* par
rapport à celle de la Tripolitane, n'é-
toit pas de peu de considération. *Hadru-
metum*, dont le nom est aussi écrit sans
aspiration, paroît au premier rang entre les villes de la Byzacène. On ignore
son état actuel : mais un lieu voisin,
dont il est mention postérieurement sous

le nom de *Cabar Sufis*, est existant avec le nom de Sufa. On reconnoît bien celui d'*Horrea Cœlia* dans la dénomination vulgaire d'Erklia. De-là en avant, le pays voisin de la mer prend le nom de *Zeugitana*, sans qu'on sçache que sous ce nom il eût assez d'étendue dans les terres, pour répondre à cet égard comme dans la partie maritime, au département qui dépuis a été appelé *Procon. sularis*. Dans ce passage à une autre province, où le rivage du continent paroît reculé par la mer, on remarque à quelque distance de ce rivage un lieu qui sous le nom de *Grasse* (ou Jerads comme on le retrouve) étoit un palais accompagné de jardins délicieux du temps des rois Vandales. On sçait qu'obligés de céder l'Espagne entière aux Visigots, les Vandales envahirent l'Afrique, qu'ils posséderent pendant près d'un siècle, jusqu'au regne de Justinien, qui en fit la conquête. Sur la côte, Hammamet indique par ce nom les *Aquæ*

Calidæ de ce canton. On connoît une *Neapolis* dans Nabel, *Curubis* dans Gurbés, *Clypea* dans Aklibia, dont la position est suivie immédiatement de l'*Hermæum promontorium*, qu'on a eu occasion de citer précédemment.

Dans le fond du golfe que ce promontoire borne d'un côté, une lagune dont l'entrée fort étroite est appelée la Goulette, pénètre jusqu'à *Tunes*, ou *Tunetum*, qui depuis la ruine entière de Carthage est devenue la ville dominante. Une pointe, qui en s'éloignant de la Goulette se courbe en forme de demi-lune, & apelée Cap de Carthage, est celle d'une péninsule, qui faisoit autrefois l'emplacement de cette fameuse ville, mais qui n'est plus actuellement une terre presqu'isolée, parce que la mer retirée de l'ancien rivage, a laissé à découvert une grande plage, entre la pointe dont on vient de parler & ce qu'on nomme Porto Farina, près d'un promontoire qui ferme le côté du golfe

opposé au précédent. Un isthme de 25
stades ou de trois milles en largeur, qui
joignoit la péninsule au continent, ne
se distingue plus de ce continent, & ce
que sur le lieu on appelle encore el-
Marza, c'est-à-dire le port, est éloigné
du rivage actuel. Le circuit de 360 stades
donné à cette péninsule, paroîtroit convenir en mesure de stade la plus courte,
à vingt-quatre milles qui sont donnés
d'ailleurs à une vaste enceinte, qui en-
fermoit la ville & ses ports. Elle avoit
une citadelle sur une éminence, & nommée *Byrsa*; un port intérieur, & creusé
de main d'homme, comme son nom de
Cothon est propre à le désigner. Fondée
par les Tyriens, le nom de *Carthada*
qu'ils lui donnerent, signifioit en Phé-
nicien ville nouvelle. Ce nom dans les
écrivains Grecs n'est pas comme dans les
Latins *Carthago*, mais *Carchedon*. Dé-
truite par Scipion le jeune 146 ans avant
l'ère Chrétienne, le rétablissement de
cette ville projetté par César, fut exé-

D vj

cuté par Auguste ; & Strabon écrivant au
plus tard sous Tibère, parle dès-lors de
Carthage comme d'une des plus floris-
santes villes de l'Afrique. Sa destruction
par les Arabes sous le khalifat d'Abd-
el-Mélik, est de la fin du septième
siècle. Entre quelques vestiges on distingue des citernes, & dans la campagne
des restes d'un aquéduc, tiré d'un lieu
éloigné vers le midi, nommé Zowan.

En tendant vers Utique, on rencontre
le *Bagradas*, dont l'embouchure étoit autrefois plus voisine de Carthage qu'actuellement. Car, ayant changé de cours
pour passer sous l'ancienne position d'U-
tique, il en étoit auparavant séparé par
l'assiette d'un camp, que l'avantage de
sa situation avoit fait choisir par le premier Scipion, & qui du nom de famille
de ce grand Capitaine, est cité en plus
d'un endroit dans l'histoire comme étant
appelé *Castra Cornelia. Utica*, dont le
nom dans les écrivains Grecs se lit
Ithyca, colonie Tyrienne de même que

Carthage, & même antérieure de fondation, fut la ville principale de cette contrée dans le temps qui s'écoula entre la destruction de Carthage & son rétablissement, que la mort de Caton précéda. Il est mention du lieu qui la remplace sous le nom de Satcor, dans l'histoire de la conquête du pays par les Arabes. Le Mesjerda s'est jetté dans une flaque d'eau, qui séparoit autrefois le camp de Scipion d'avec Utique, & continue son cours jusqu'à Porto-Farina, qui est couvert d'une pointe, nommée autrefois *Apollinis promontorium*, aujourd'hui Ras Zebib. Sur la côte qui regarde ensuite le nord, *Hippo Zarytos* tiroit le surnom distinctif d'avec l'*Hippo Regius*, de sa situation sur des canaux ou coupures, qui donnent à la mer l'entrée dans un étang navigable, dont cette ville est voisine comme de la mer. L'altération de son nom en celui de Ben-zert, comme on le trouve dans la Géographie Arabe, conserve un rapport avec l'ancienne dénomination, que l'usage des gens de mer de dire Biserte fait disparoître. La dernière place à citer sur cette côte est *Tabraca*, dont la petite isle de Tabarca conserve le nom. On ne connoît point d'autre fleuve qui puisse être le *Rubricatus* de Ptolémée, que celui qui tombe dans la mer vis-à-vis de cette isle. Il sera en même-temps le *Tusca*, qui selon Pline borne l'Afrique du côté de la Numidie. C'est ce qu'on nomme actuellement Wad-el-Berber. En montant dans le pays, on reconnoît dans le nom de Vegja une ville considérable, nommée *Vacca* dans Saluste, & ailleurs *Vaga*.

Après avoir ainsi parcouru la partie maritime, il faut pénétrer dans ce qui est intérieur. En remontant le *Bagradas*, on retrouve *Tuburbo* dans le même nom, & *Tucaborum* dans Tucaber. Une autre ville de *Tuburbo*, distinguée par le surnom de *majus*, & dont la position s'écarte fort de la précédente au midi de

Tunis, paroît actuellement appelée Tu-
bernok. Dans le nom de Wad-el-Bul,
que porte une rivière que reçoit le Bagradas, celui de *Bulla*, surnommée *regia*,
est évident. Ce n'est que par le voisinage de *Tagaste*, ville de Numidie, &
patrie de saint Augustin, qu'on juge de
la position de *Madaurus*, patrie d'Apu-
lée. Ce qu'on nomme aujourd'hui Urbs,
où sont des restes d'antiquité, autrement
Kef, quoiqu'un voyageur Anglois, (*)
auquel on doit beaucoup sur ce pays,
en fasse la distinction comme de deux
positions différentes, est *Sicca Venerea*.
On retrouve le nom de *Tucca*, avec
d'anciens vestiges, dans le lieu nommé
Tugga, mais qui ne pourroit être le
même pour *Tucca Terebinthina*, selon
l'Itinéraire Romain. Il faut dire ici,
que les positions données par Ptolémée
paroissent dans un si grand désordre,
qu'on n'a d'autre ressource pour leur
assigner des places plus convenables,

(*) Le Docteur Shaw.

que de suivre la trace des voies Romaines, dont cette contrée Afriquaine est plus remplie qu'aucune autre dans les anciens Itinéraires, ce qui néanmoins n'est pas sans difficulté, comme celui qui écrit ceci l'a éprouvé en plusieurs tentatives. La position de *Zama*, lieu mémorable par la victoire de Scipion sur Annibal, est donnée pour immédiate à un autre lieu donné sur une de ces voies, nonobstant qu'on crut pouvoir former quelque doute par d'autres circonstances sur cette position. On est étonné de voir, que celle de *Musti*, qui en dépendant de moyens semblables se place au centre de la province d'Afrique, soit un siége de la Numidie dans des Notices Ecclésiastiques, plutôt que de la Proconsulaire. *Ammedera* pourroit être aujourd'hui Hedra. *Sufetula*, ville considérable, à en juger par le concours de plusieurs voies, se retrouve dans le nom de Sbaitla. Il est parlé de *Septimunicia* comme étant au pied d'une grande montagne nommée *Burgaon*, qui paroît une suite de l'*Ufaletus*, auquel se conserve le nom d'Useler.

Ce qui nous reste à parcourir dans la province d'Afrique, en ce qui faisoit pattie de la Byzacène, s'éloigne davantage vers le midi ; & pour s'y porter il faut même traverser des lieux arides & déserts, comme l'histoire le témoigne, en parlant d'une marche forcée de Marius, pour surprendre *Capsa*, grande ville, que par la difficulté d'y arriver Jugurtha croyoit propre à servir de dépôt à un trésor mis en réserve. On en connoît la position, & son nom se prononce Cafsa. Il est parlé de même de *Thala*, avec des circonstances qui paroîtroient convenir à la position que prend *Telepte* à l'égard de la précédente, d'après l'Itinéraire Romain. On est redevable au voyageur Anglois cité précédemment, de connoître une lagune, divisée en deux par un gué, & qui représente sous des noms Afriquains de

Farooun & d'el Loudeah , les *Palus* ap-
pellés *Tritonis* & *Libya* dans l'antiquité ,
& dont le premier faifoit donner le nom
Tritonia à Minerve , qu'on prétendoit
s'être montrée pour la première fois en
ces lieux. Ce que l'on connoît exifter
fous les noms de Tofer & de Nefta fur
cette lagune , nous indique les pofitions
de *Tifurus* & de *Nepte*. Un pofte militaire fur cette frontière , appelé *Turris
Tamalleni* , fe retrouve encore dans le
nom de Tamelem ; & la contrée eft ce
qu'on appelle actuellement Beled - ul-
Gérid , ou pays des Sauterelles.

NUMIDIA.

Ce nom s'étendoit primitivement à
tout ce qui eft compris entre l'Afrique
proprement dite , & les limites qui bor-
noient d'ancienneté la Mauritanie à un
fleuve nommé *Molochath* ou *Malva* , aujourd'hui Mulvia , dont l'embouchure
dans la mer eft par le travers du Cap

de Gata fur la côte méridionale de l'Ef-
pagne. A cet efpace répond actuellement le royaume d'Alger. Deux peuples
partageoient cette grande contrée, *Maf-
fyli* du côté de l'Afrique, *Maffæfli* vers
la Mauritanie ; & un promontoire fort
avancé en mer, nommé *Tretum*, aujour-
d'hui Sebda-ruz par les gens du pays,
ou les fept Caps, par les marins Buga-
ronie, faifoit un point de féparation
entre ces peuples. Ils obéiffoient à deux
princes célèbres dans l'hiftoire, les premiers à Mafiniffa, les autres à Syphax.
L'attachement de Mafiniffa aux Romains
mérita de leur part, non - feulement
qu'il fût rétabli dans fon royaume, dont
il avoit été dépouillé par Syphax, mais
encore d'être mis en poffeffion du royaume de celui-ci, ce qui réunit la nation
Numide fous la puiffance d'un feul &
même prince. Cet état étoit le même
fous Jugurtha, & même encore fous
Juba, vaincu par Céfar, qui réduifit la
Numidie en province. Mais, Augufte

ayant gratiffé Juba, fils de Juba, d'une
partie du royaume de fon pere, cette
province de Numidie perdit de fon
étendue ; & du côté de ce qui avoit pris
le nom de Mauritanie par extenfion de
ce nom au-delà de fes anciennes limites, la Numidie paroît finalement bor-
née au fleuve *Ampfagas*, qui fe rend dans
la mer fur le côté du promontoire *Tretum*, & qu'on nomme aujourd'hui Wad-
il-kibir, ou le grand fleuve.

Le premier lieu remarquable fur la
côte eft *Hippo Regius*, fiége épifcopal
de faint Auguftin, & près de fon ancien
emplacement on connoît une ville nommée Bona. Le mont *Pappua*, où Géli-
mer, dernier roi des Vandales d'Afrique, & vaincu par Bélifaire, chercha
une retraite, & nommé aujourd'hui
Edong, s'éleve dans les environs. Au
fond d'un golfe qui fuccède, & qui étoit
appelé *Sinus Numidicus*, aujourd'hui
Golfe de Stora, *Ruficade*, ville confidérable, conferve un refte de fon nom

dans celui de Sgigada. *Cullu* fous le promontoire *Tretum* n'a point changé de nom, & nous fommes bornés par l'*Ampfagas*. En s'éloignant de la mer d'environ 50 milles, on trouve *Cirta*, réfidence des rois de Numidie, & qui du nom d'un partifan nommé Sittius, duquel Céfar tira de grands fervices dans la guerre d'Afrique, eft appelée *Sittianorum Colonia*. Mais, ayant été nommée poftérieurement *Conflantina*, c'eft fous ce nom qu'elle fubfifte, & qu'elle eft la principale en cette contrée. Une rivière qui tombe dans le Wad-il-kibir l'enveloppe prefque entièrement. La trace de plufieurs voies Romaines qui en fortoient fe fait encore diftinguer dans les environs. On reconnoît *Milevis*, qui en étoit peu éloignée, dans le nom actuel de Mila ; & de même *Sigus* dans Siguenic. En tirant vers Hippone, *Tipafa* paroît dans Tifas ; & un lieu nommé Hammam indique les *Aquæ*, que *Tibilis* avoit dans fon voifinage. Des pofitions

Tome III.   *

adjacentes à la frontière de l'Afrique,
Tagaste est Tajelt, & *Tebeste* est Tebess.
D'autres lieux, qu'en s'écartant de Cons-
tantine vers le midi, on trouve appelés Lambese & Lamasbe, donnent évidemment les positions de *Lambæsa* &
de *Lamasba*. Il en est de même de *Bagaï*,
sur le flanc du Gebel Auras. L'*Aurasius
mons* occupe un grand espace, & paroisî-
sant de difficile accès dans son abord,
il renferme des terres unies & culti-
vées. Cette frontière donne entrée dans
une vaste contrée, que distingue le nom
de *Gætulia*, & qui borde également
vers le midi la Mauritanie, qui doit
succéder à la Numidie. Un fleuve nommé Zab, communique son nom au pays
qu'il traverse, & il est mention de
Zaba dans les temps qui suivent immédiatement ceux que l'antiquité renferme plus étroitement. Le *Savus* ou
Sabus de Ptolémée dans la Mauritanie
de Césarée, où ce fleuve n'existe point,
doit être rapporté à celui-ci, & l'affinité

dans la dénomination le montre affez.
Si Ptolémée conduit le fleuve de ce nom
dans la mer, il faut fe rappeller, qu'il
y conduit également un *Bagradas*, &
un *Cyniphs*, qui toutefois périffent dans
l'intérieur des terres, comme il en eft
du Zab dont il s'agit. Une ville principale en ce canton de Zab, & dont le
nom eft Pefcara, nous fait connoître
Vefcerita ou *Vefcether*, & terminera cet
article concernant la Numidie.

MAURETANIA.

C'est ainfi que ce nom paroît devoir
s'écrire, d'après le plus grand nombre
de monumens de l'antiquité, foit mé-
dailles, foit infcriptions, plutôt que
Mauritania, ce qui n'empêche pas qu'en
écrivant en François l'ufage de dire Mauritanie ne doive prévaloir. Il faut ajouter, que le nom national eft *Maurafii*,
felon les écrivains Grecs. Le pays fur
lequel régnoit Bocchus, qui livra Jugur-

rha aux Romains, étoit limité, comme
on l'a dit en parlant de l'état primitif
de la Numidie, par le fleuve *Molochath*,
dont le nom étant autrement *Malva*,
donne lieu à quelques auteurs moder-
nes de distinguer deux fleuves pour un
seul, étant induits en erreur sur ce point
par Ptolémée. On n'est pas informé précisément de ce qui donna lieu à l'agran-
dissement de la Mauritanie, en prenant
sur la Numidie. Ce dont on est instruit,
c'est que Juba, qui par le bienfait d'Auguste regnant en Afrique, construisit une
ville de Césarée, qui fit donner le nom
de *Cæsariensis* à ce que la Mauritanie
prit sur l'ancienne Numidie, avoit été
mis en possession des états de deux princes Maures, Bogud & Bocchus. Or, si
on estime que la Mauritanie fut une première concession, antérieure à l'agran-
dissement fait au royaume de Juba dans
ce qui avoit été du domaine de Juba
son pere ; on trouvera dans ces circonstances ce qui peut avoir donné lieu à
l'extension

l'extenſion du nom de Mauritanie. Ce royaume fut réduit en province ſous Claude, & forma deux provinces particulières, *Cæſarienſis* dans ce qui avoit été Numidie, & *Tingitana* répondant à l'ancienne Mauritanie, & reculée juſqu'à l'Océan.

Pour entrer dans un détail de poſitions, en parcourant d'abord le rivage de la mer, à partir de l'embouchure du fleuve *Ampſagas*, *Igilgilis* conſerve le nom de Jigel ou Jijeli, qui dans la bouche des gens de mer eſt Gigeri, de même que quand on parle de la priſe de cette place par les François en 1664. Le fleuve *Audus* eſt celui que la mer reçoit près de Bujeiah. La tranſpoſition de quelques lettres n'empêche pas de reconnoître dans Tedlés l'ancien nom de *Saldæ*. Diſons en paſſant, que *Tubuſuptus* à l'écart dans les terres, conviendroit à une place appelée Burg dans le canton de Kuko, qui eſt couvert d'une grande montagne eſcarpée, que l'on

trouve nommée *Ferratus môns*, aujour-
d'hui Jurjura. Plus loin, une rivière
dont le nom eſt Ser, ou Iſſer avec l'article, ſe rapporte au fleuve *Serbetes*. On
remarquera en pluſieurs noms, une partie initiale qui leur eſt commune, comme dans *Ruſazus*, *Ruſipiſir*, *Ruſucurru*,
& autres. Elle paroît déſigner en langue Punique une pointe de terre, un
Cap, de même que Ras le ſignifie en
Arabe. Dans cette ſuite de lieux il ne
ſera point mention d'Alger, en regar-
dant cette ville comme poſtérieure aux
ſiècles de l'antiquité, & qui a pu tirer
ſon nom purement Arabe d'al-Gezaïr,
d'une petite iſle qui couvre ſon port, &
qu'on a jointe au continent par un môle.
Dans le nom de *Ruſu-curru*, la partie qui
lui eſt propre & diſtinctive de pluſieurs
autres noms, ſe conſerve dans celui de
Hur, qu'indique ſur cette plage un Géographe Arabe. Les veſtiges d'antiquité
qui ſont à Serſel paroîtroient y placer
la Céſarée de Mauritanie. Mais, l'Itiné-

raire Romain la voudroit plus reculée,
& en même-temps s'approcher davantage d'une position ultérieure, qui est
Cartenna, bien connue actuellement par
le nom de Tenez. *Icosium* prend en conséquence le lieu qu'occupe Sersel, & un
port dont il est mention dans la Géographie Arabe sous le nom de Vacur,
auroit été celui de *Cæsarea*, qui avant
que d'être embellie, & de prendre le
rang de capitale sous le roi Juba, se
nommoit *Iol.* Cette ville avoit été fort
maltraitée par des Barbares révoltés,
lorsque le comte Théodose, pere de
l'empereur de ce nom, fut chargé du
commandement en Afrique.

Il faut dire en général que toute cette
côte fut bordée de colonies Romaines,
dont le détail excéderoit ce qu'on peut
admettre dans un abrégé. A la suite de
Cartenna, qui succède à Césarée, est
l'embouchure du fleuve *Chinalaph*, le
plus considérable de cette contrée, &
dont le nom actuel de Shellif n'est pas

sans quelque rapport au précédent. Nous citerons *Muruslaga*, parce qu'on en retrouve le nom dans Mustuganim. On croiroit pouvoir appliquer *Arsenaria* à Arzeû, si par l'ordre des lieux le *Portus Magnus* ne prenoit la place d'Arzeû. Pour ce qui est de *Portus Divini*, ne doutons point que ces ports ne soient Oran, & Marz-al-Kibir qui en est voisin, & dont le nom signifie grand port. Le *Metagonium promontorium*, que Strabon dit être par le travers de la nouvelle Carthage, convient très-exactement par cet endroit à une pointe de terre, qui ferme au couchant un golfe profond, nommé Harsgone, ce qui répond bien à l'expression grecque employée dans l'ancienne dénomination, *Meta-gonium*. Si le même nom se rencontre dans quelques autres auteurs, ce n'est pas avec la même évidence relativement au local. La dernière place de l'ancienne Numidie, comme de la Mauritanie de Césarée, étoit *Siga*, à quelque distance de la mer, résidence de Syphax, avant que l'invasion du royau ne de Masinissa l'eût mis en possession de Cirta. Le lieu auquel on donne le nom remarquable de Ned-Roma en tient la place, & conserve des vestiges d'antiquité. Enfin nous atteignons le bord du *Molochath*, dont le nom se lit aussi *Mulucha*, & près duquel une ancienne forteresse, appelée *Calaa*, & qui fait le terme d'une voie Romaine, conserve le même nom, Calaat el-Wad, ce qui signifie château de la rivière.

Mais, avant que d'entrer dans la Tingitane, il faut jetter les yeux sur l'intérieur de la province de Césarée. *Sitifi* s'y distingue plus que toute autre ville, ayant même été élevée au rang de métropole dans une Mauritanie particulière, formée postérieurement sous le nom de *Sitifensis*, dont le district étoit adjacent à la Numidie. Cette ville existe, & conserve le nom de Setif. En traversant des montagnes vers le midi, un pays de plaine contigu au Zab, contient un grand marais salé, appelé el-Shot, auquel on trouve le nom de *Salinæ Nubonenses*. On reconnoît *Tubuna* dans Tubnah, *Desena* dans Deusen, reculé dans le Zab. Un château nommé *Auzea*, dans Tacite & dans l'Itinéraire romain, pourroit prendre la place d'une forteresse, que désigne sur les lieux le nom de Burg, selon l'emploi de ce terme en Barbarie comme en d'autres endroits du Levant. Le nom de *Castrum Audiense* dans la Notice de l'Empire, paroît conduire vers le haut du fleuve *Audus*. *Malliana* garde son nom dans Meliana. *Succubar* étoit située sur la pente d'une montagne, dont le nom actuel est Zuckar. On retrouve le *Fundus Mazucanus* dans Mazuna : & selon ce qu'on recueille du récit d'un historien (*), le comte Théodose partant de *Tigavas* en ce même canton, traverse l'*Ancorarius mons*, pour attaquer les *Mazices*. Cette montagne répond ainsi à celle de Waneseris ; &

(*) Ammien-Marcellin.

le Général romain pouſſant ſon expédition juſqu'au *Medianum caſtellum*, pour
s'y arrêter, une poſition donnée ſous le
nom qui ſe lit Midroe, paroîtroit y
convenir. La nation qu'on vient de nommer étoit puiſſante, & on trouve auſſi
des *Mazices* en Libye, & aux environs
des Oaſes. *Mina* conſerve purement ſon
nom; on reconnoît *Gadaum caſtra* dans
Tagadeont. La poſition de *Regiæ*, déſi-
gnant une demeure royale, eſt remarquable en ce que la direction d'une voie
romaine lui fait prendre l'emplacement
de Tlemſen, où des princes Arabes de
la maiſon de Beni-Merin établirent leur
réſidence. Cette contrée étoit devenue
Gétulie, par la foibleſſe où étoit tombée
la nation Numide des Maſſéſyles, &
les Gétules peuploient toute cette liſière
juſque vers les Syrtes. Il faut lire Pro-
cope (*), pour avoir quelque idée de
la vie dure & groſſière de ce peuple.
C'eſt ce qu'on nomme proprement les

(*) Guerre des Vandales.

E iv

Bereberes , qui donnent le nom à la
Barbarie , avec quelque diſtinction d'a-
vec les Arabes , que les progrès du Ma-
hometiſme & de la domination des Kha-
lifes ont répandus dans ces contrées
occidentales de l'Afrique.

Paſſons à la Tingitane. Ce qui avoit
été Mauritanie , proprement dite , fut
appelé *Tingitana* , du nom de la ville
principale en cette province particulière , & de même manière dont une
autre Mauritanie étoit diſtinguée. Elle
rempliſſoit l'intervalle du fleuve *Molo-
chith* à l'Océan Atlantique. Dans le tems
de la diviſion de l'Empire Romain en
deux Empires , on voit la Tingitane
rangée entre les provinces de l'Eſpagne ,
ſéparément des autres provinces d'Afrique , compriſes dans le *Diœceſe* , ou le
grand département de l'Italie ; & cette
province eſt quelquefois appelée *Hiſpa-
nia transfretana* , l'Eſpagne au-delà du
Fretum ou du détroit. Cette union ſem-
bloit être déterminée par la proximité ;

& l'expulsion des Vandales du continent de l'Espagne, mit les Goths en possession de la Tingitane, dont le commandant sous le dernier des rois-Visigoths introduisit, comme on sçait, les Maures en Espagne, au commencement du huitième siècle. La situation de cette extrémité de l'Afrique vers le couchant, lui fait donner par les Arabes le nom de Garb, désignant cette plage de l'occident, & la Tingitane répond à-peu-près au royaume de Fez.

Nous n'aurons guère que des positions maritimes à reconnoître. *Rusadir* est la première qui se présente, suivie d'un promontoire de même nom, comme le Cap appelé Tres-forcas suit de près l'emplacement de Melilla. *Parietina* peut s'appliquer à un lieu remarquable tel que Velez de Gomera. *Tænia longa*, qui par son nom désigne une langue de terre étroite, est Targa. La position d'*Iagath* dans Ptolémée conviendroit à Tetewen, ou Tetuan comme on dit communément.

E v

On convient que le mont *Abyla*, l'une
des colomnes d'Hercule, en opposition
sur la côte Afriquaine au *Calpe*, qui
tient à l'Europe, répond à une pointe
en saillie dans la mer, qui s'éleve en
hauteur & forme un péninsule, dont
une place, qui est Ceuta, ferme l'entrée.
Il est mention de cette place sous le nom
de *Septum* ou *Septa*, mais non pas avant
le sixième siècle & le regne de Justinien.
Des monts appelés *Septem fratres*, dont
il est parlé beaucoup plutôt en plusieurs
auteurs, doivent en être distingués,
quoique voisins, parce qu'en suivant un
ordre contraire à celui qu'on tient ici,
ils précédent Abyla dans Ptolémée comme dans l'Itinéraire romain, & ainsi ce
que les Arabes ont appelé Gebel Mousa
peut répondre aux sept freres. Le nom
de *Tingis* subsiste en celui de Tinja, altéré
par l'usage qu'on en fait en disant Tan-
ger; & l'emplacement de cette ville sur
la gauche de l'anse que forme la mer,
n'est pas le même que l'ancien plus en-

foncé fur la droite. Au-delà eft la pointe du continent de l'Afrique, qui fépare le Détroit d'avec le rivage du grand Océan Atlantique ; & on pourroit croire que le nom de Spartel que lui donnent les navigateurs, dériveroit étant prononcé à l'Italienne, de ce partage fait entre deux mers. Le nom d'*Ampelufia* qu'il portoit chez les Grecs comme ayant des vignobles, étoit le même pour la fignification que celui de *Cotes* en langue Punique ou Phénicienne, & ce canton de l'Afrique eft recommandable par la beauté des raifins qu'il produit.

Sur le rivage de l'Océan, *Zilis* conferve fon nom dans celui d'Azzilia, précédé de l'article dans la langue Arabe. *Lixns* ou *Linx*, dont la tradition faifoit la demeure d'Antée combattu par Hercule, eft l'Araïs, que l'ufage vulgaire eft d'appeler Larache ; & le fleuve qui portoit le nom de *Lixus*, le conferve dans celui de Lucos. Quoique dans Ptolémée la pofition de *Banafa* paroiffe

reculée dans les terres, on peut estimer
qu'elle étoit voisine de la mer, sur le
passage d'une voie Romaine que donne
l'Itinéraire depuis Sala jusqu'à Tingis,
& ce que les marins appelent vieille
Mamore pourroit en indiquer la place.
Le plus grand fleuve du pays, *Subur*,
qui s'y rendoit, paroît avoir changé
d'embouchure en se rendant à Mahmo-
ra, & il garde son nom qui s'écrit Subu.
Sala, aujourd'hui sur le bord de la mer,
en deux quartiers différens, divisés en-
tr'eux par la rivière de même nom, en
étoit autrefois à quelque distance, & un
troisième quartier appelé Rabat, comme
qui diroit la ville, est séparé de la mer
par ce qu'on nomme le nouveau Salé.
C'est la derniere place Romaine de cette
partie maritime; & une position ultérieure à peu de distance, sous le nom
d'*Exploratio ad Mercurium*, désigne for-
mellement une garde avancée, pour veil-
ler sur cette frontière, & consacrée à la
divinité ayant le département des grands

chemins. Dans les terres, à partir de Lixus, on est tenté de rapporter la position de *Babba*, qui étoit surnommée *Julia campestris*, à un lieu que des plans d'orangers font appeler Naranja. Mais, on croit bien connoître *Volubilis* dans le lieu nommé Gualili, qui conserve des vestiges d'antiquité. Meknez, la demeure ordinaire des Shérifs de Maroc, est la ville la plus voisine. Fez plus avant dans le pays, doit sa fondation à des princes Arabes, & la résidence des Fatimides de la maison d'Edris en fit une ville considérable. Les armes Romaines pénétrèrent plus loin dans la guerre faite en Mauritanie sous le regne de Claude, & Suetonius Paulinus passa le mont *Atlas*, & trouva un fleuve nommé *Ger*, ce qui détermine ce passage à une des croupes principales de cette montagne, & appelée Ziz. Deux places qui sont immédiatement au-delà, dont l'une se nomme Gher-Silbin, l'autre Helel, conservent avec évidence les noms anciens de *Cil-*

Iaba & de *Alele*. Elles n'appartiendroient point à la Phazanie, fort éloignée de cette contrée, quoique Pline les y transporte ; & par la situation de ces places, leur conquête regarderoit particuliérement le Général qu'on vient de nommer, plutôt que Balbus, dont nous avons parlé en traitant des Garamantes.

I V.

LIBYA (VEL AFRICA) INTERIOR.

Ce qui reste à faire connoître dans l'intérieur de l'Afrique peut être annoncé sous ce titre, que l'on trouve employé dans Ptolémée. A la Gétulie immédiatement limitrophe de la Numidie & des Mauritanies, succède un vaste espace dénué de circonstances locales particulières, & inscrit sur la carte *Deserta Libyæ interioris*. C'est le grand Désert, que les Arabes qui le partagent en plusieurs cantons, désignent par le nom de Sahra. Des Gétules noirs, *Melano Gætuli*, l'occupent dans l'antiquité, & confinent à ce qu'on nomme la Nigritie, qui tire moins ce nom de la race Nègre en général, que du fleuve qui traverse cette partie de l'Afrique. Les anciens connoissent ce fleuve sous le nom de *Nigir*;

& contre l'opinion qu'on avoit communément, son cours dirigé d'occident en
orient paroissoit indiqué de cette manière dans Hérodote, où on lit que des
Nasamones envoyés par un roi des Ammoniens à la découverte des sources du
Nil, avoient trouvé sur leur route entre
le couchant & le midi, un grand fleuve
courant ainsi vers l'orient. Mais, il en
est de ce fleuve comme de celui dont
nous avons parlé ailleurs sous le nom
de *Gir*, qui est de périr dans les terres,
affoibli par de fréquentes dérivations.
La Géographie Arabe indique des lacs,
appelés mers douces, où l'on peut pré-
sumer que le Niger répand ce qui reste
de ses eaux vers son extrémité orientale.
Pour ce qui est d'une ville principale
dans Ptolémée sous le nom de *Nigira*,
celle où résidèrent des Fatimides, qui
dès les premiers siècles du Mahomé-
tisme formèrent un royaume dans cet
intérieur de l'Afrique, & dont le nom
est Ghana, doit être préférée à Tombut

au Tombouctou, dont il est vrai que
de nos jours on parle davantage, mais
dont la fondation par un prince sorti de
Barbarie est postérieure, & ne remonte
qu'au commencement du treizième siècle. Le nom du fleuve fait donner au
peuple qui habite sur ses bords le nom
de *Nigritæ*, de même que le pays est
appelé Nigritie.

Dans la partie moins reculée, & maritime, il est parlé des *Autololes* comme
d'une grande nation, dont la frontière
Romaine de la Tingitane pouvoit même
être inquiétée. Des Gérules distingués
par le nom de *Daræ*, ont laissé leur
nom au Darah, séparé de Maroc par
une branche du mont Atlas. A l'égard
des *Pharusii* & des *Perorsi*, on n'en peut
citer que le nom, & il y a même de
la diversité dans ce qui concerne leur
emplacement. Sur le rivage de l'Océan,
Ptolémée présente à la suite de Sala un
assez grand détail, qu'il est difficile,
comme assez peu intéressant, de rap-

Tome III.

porter au local. Ce qu'il indique successivement sous le nom d'*Atlas minor*,
& d'*Atlas major*, paroît devoir s'appliquer à des promontoires ; & le premier
ne peut convenir qu'au Cap Cantin, à
la hauteur duquel (à peu de chose près)
il le fixe ; ce qu'il est d'autant plus à
propos d'observer, que sur la latitude
du *Fretum*, ou du détroit, par 36 degrés,
Ptolémée est précisément en position
très-convenable. Ce Cap sera le *Soloe* de
l'auteur quelconque de ce qui porte le
titre de Périple de Hannon. Car, à partir du Détroit, & après deux jours de
navigation d'une flotte de 60 bâtimens
allant de conserve, (ce qui pouvoit
mettre cette flotte à la hauteur de Salé)
c'est en cinglant ensuite vers le couchant
qu'elle a connoissance de ce promontoire, ce qui est conforme à la disposition
du local en ces parages. Si le fond qu'on
peut faire sur les circonstances de cette
relation n'est pas absolument ce qui donne lieu à ce qu'on vient de remarquer,

c'eſt du moins un témoignage qu'on n'a pas négligé de la conſulter. L'*Atlas major* de Ptolémée à 16 degrés & demi de latitude, prend la hauteur du Cap Bojador, par un même point de convenance que l'*Atlas minor*; & dans les routiers Portugals, dreſſés ſur le rapport des navigateurs qui en rangeant préciſément ce rivage, ont après pluſieurs tentatives ouvert la route qui conduit aux Indes orientales, la côte qui ſuit le Bojador eſt appelée Terra alta, ſoit qu'elle s'éleve en bordant la mer, ſoit qu'elle donne l'aſpect des montagnes dont l'intérieur du pays ſoit couvert.

Dans l'intervalle des deux promontoires, un port nommé *Ruſapis* peut convenir à Azaſi, & *Myſocoras* enſuite à Mogodor; & un autre lieu remarquable ſur cette côte, & que les Portugais ont nommé Sainte-Croix, dominé par un château nommé Tamara, ſera *Tamuſiga*. Le Cap de Ger, qui couvre une grande anſe au fond de laquelle eſt Sainte-

Croix, peut répondre au promontoire distingué par le nom d'Hercule, auquel on attribuoit une expédition dans cette contrée Afriquaine. Les *Fortunatæ insulæ*, rangées sur une même ligne méridienne dans Ptolémée, & en latitude trop méridionale, sont au-contraire plus élevées en hauteur que le grand promontoire d'Atlas, & le dévancent ainsi dans l'ordre que nous suivons en tendant vers le midi. Il est plus convenable de les trouver placées vis-à-vis de la Mauritanie, selon Strabon, & des Autololes en particulier, selon Pline. On en devoit la connoissance au désir de s'instruire qu'avoit eu Juba, roi de Mauritanie, plus digne de recommandation au jugement de Pline, par ses études que par sa dignité (*). On en distingue quelques-unes sous le nom de *Purpurariæ*, dans lesquelles Juba avoit eu dessein d'établir une teinture en pourpre : & comme plus voisines du continent, en ce qu'on les trouve distinguées des

(*) *Studiorum claritate memorabilior quàm regno.*

Fortunées plus reculées vers le couchant, il faut les reconnoître dans celles de Lançarote & de Fortaventure, dont un gentilhomme François, nommé Bethancourt, prit possession dans les premières années du quinzième siècle. *Canaria* a donné le nom de Canaries à ces isles en général. Les neiges qui couvrent le sommet du Pic de Ténérife, adjugent à cette isle en particulier le nom de *Nivaria* ; & ce qu'on a débité d'un arbre distillant de l'eau par ses feuilles comme une pluie, dans l'isle de Fer, peut lui rendre propre le nom de *Pluvialia* en latin, & d'*Ombrios* en grec. Les noms de *Capraria*, & de *Junonia*, tomberont ainsi sur Gomera & Palma. On sçait que ce qui fait des Canaries un point considérable dans la Géographie, c'est de servir de commencement au compte de la Longitude, comme en effet dans ce qui appartient à l'ancien Monde, & en y procédant d'occident en orient, c'est le point duquel il faut partir, puisqu'il n'y en a

Tome III.

point d'ultérieur que l'ancienne Géographie ait droit de réclamer.

Ce qui se présente de remarquable au-delà du promontoire que l'on connoît sous le nom de Bojador, est une grande embouchure de rivière, que les Portugais ont appelée Rio do Ouro, ou rivière d'or, & qui peut répondre au fleuve nommé *Salathi*, avec une ville de même nom dans Ptolémée. Et si l'on veut rapporter à quelque objet du local actuel le fleuve *Lixus* du Périple de Hannon, c'est à cette rivière, vu l'indication de deux jours de navigation ultérieure, & d'un troisième en tournant à l'est, pour arriver à l'isle nommée *Cerne*. Dans ce détour on peut reconnoître le Cap Blanc; & l'isle d'Arguin, que les Maures appellent Ghir, est vraisemblablement celle dont il s'agit. Il ne faudroit pas user de trop de rigueur, sur ce que la distance entre le Détroit & cette isle n'est pas estimée plus considérable dans le Périple, que celle qui est sensiblement

plus courte entre Carthage & le Détroit.
Mais, il en faut venir au *Daradus*, grand
fleuve, que Ptolémée tire d'une montagne nommée *Caphas*, & on a quelque
notion du nom de Caffaba vers le haut
du Senega, qui n'a rien de commun avec
le Niger, comme on le croyoit anté-
rieurement. Le grand promontoire qui
succède sous le nom d'*Arfenarium*, eft
évidemment le Cap Verd; & en trou-
vant dans Ptolémée une pointe de terre
adjacente & un peu en retraite, diftinguée par le nom de *Ryffadium*, on voit
de la conformité en cette circonftance
avec la pointe d'Almadie fur le côté mé-
ridional du cap. Ptolémée fournit en ces
parages des objets que l'on ne doit qu'à
lui feul; & il connoît la rivière de Gambie fous le nom de *Stachir*, à la fuite de
ces promontoires. L'*Hefperu-ceras*, ou la
corne de l'occident, eft un cap au-delà
de cette rivière, & duquel la côte, qui
jufque-là tendant au midi, regarde le
couchant, tourne fubitement à l'orient

presque plein , pour faire face au midi , comme la connoissance actuelle du local en instruit positivement.

Nous sommes bien près du terme, jusqu'où il est possible d'étendre l'ancienne Géographie sur la côte occidentale de l'Afrique. Le défaut d'accord & de précision dans le peu que fournit l'antiquité , sur quelques objets assez éloignés à son égard pour n'être pas bien distingués , rendroit superflue la discussion qu'on entreprendroit d'en faire , sans rendre la matière plus intéressante. On peut dire sommairement , qu'il est parlé d'un *Sinus Hespericus* , ou golfe occidental , des *Insulæ Hesperidum* , d'une isle *Gorgonis* , ou des isles *Gorgades* , d'une montagne appelée *Theon-ochema* , ou char des Dieux ; enfin, de *Noti-cornu* , ou corne méridionale , promontoire le plus reculé , duquel il est dit que la flotte Carthaginoise d'Hannon reprit la route de Carthage , quoiqu'ailleurs que dans le Périple qui porte son nom , ce navigateur

gateur ne revienne à Carthage qu'en faisant le tour du continent de l'Afrique. On peut penser, que cette manière de varier sur la navigation d'Hannon la rendroit suspecte; & d'ailleurs, des femmes marines appelées Gorilles, des rivières de feu qui se rendent dans la mer, selon ce Périple, ne sont pas propres à faire adopter cette relation dans tout ce qu'elle débite. Mais, pour faire quelque attention aux circonstances locales rapportées ci-dessus, quand on jette les yeux sur ce local, aujourd'hui bien connu, & dont la disposition ne souffre point d'incertitude; on y remarque à la suite de la corne occidentale une courbure dans le rivage, qui renferme des isles en assez grand nombre; on ne voit point d'autre montagne en poussant plus loin, que celle de Serre-lione, à laquelle succéde une pointe de terre prolongée sous le nom de cap de Sainte Anne, séparée à la vérité du continent par un canal étroit, mais d'une manière qui échappoit encore à la connoissance des premiers navigateurs de ces derniers siècles. C'est en conséquence d'un assujettissement indispensable à ce que donne ainsi la Géographie positive , qu'on a cru devoir placer dans la carte du Monde connu des Anciens , les objets dont on vient de parler , & les plus reculés de l'ancienne Géohraphie en ces parages. Quant à des *Hesperii Æthiopes* , ou Ethiopiens occidentaux , il faut remarquer , que les races Maures étant en possession de tout ce que comprend le Désert , jusqu'au Sénéga , c'est proprement aux bords de ce fleuve que commence la population d'un sang Negre , dont on connoît assez la différence d'avec un autre peuple également Afriquain.

Après avoir ainsi terminé la troisième & dernière partie de l'ancien Monde , en parcourant le rivage de l'Océan Atlantique , il resteroit en apparence quelque chose à désirer , si on gardoit ici un silence absolu sur la fameuse isle de même nom que cet Océan. Mais, qui croira pouvoir la rapporter au continent du nouveau Monde, ou de l'Amérique, & croire en même tems que les Atlantides qui l'habitoient, soient venus dans un siècle fort antérieur aux tems historiques, faire des conquêtes en Europe & en Asie, qui dans cette invasion n'auroient trouvé de secours pour la repousser, que la résistence & la valeur des Athéniens ? Pourquoi ne pas voir dans le narré de Platon (*) sur cet événement, un Athénien qui veut illustrer sa patrie, & dans ce qu'il débite sur la police des Atlantides, un philosophe occupé de spéculations plus magnifiques que vraisemblables ? Comme cette isle ne paroissoit plus, on a pris le parti de dire, qu'un continent, auquel on attribuoit plus d'étendue qu'à l'Afrique & à l'Asie jointes ensemble, avoit été submergé en vingt-quatre heures, ce qui mettoit, disoit-on, dans la navigation de la Mer

(*) Dans le Timée & le Critias.

Atlantique un danger, qu'on n'y connoît pas. Il a bien pu entrer dans la pensée de quelques sçavans chez les anciens, que ce qu'ils connoissoient de terre sur le Globe n'en couvrant pas à beaucoup près la surface, il pouvoit y avoir d'autres portions de terre ou continents dans les parties inconnues. Aristote s'en explique ainsi précisément, & sans rien dire de plus, dans le livre où il traite du Monde ; ce qui est préférable à ce qui lui est prêté dans un autre livre intitulé les Merveilles. Ce qu'on y trouve d'une isle n'ayant point d'habitans, & néanmoins abondante en toute chose, découverte par les Carthaginois, qui dans la crainte de voir déserter des citoyens qui s'y seroient transportés, en auroient interdit la navigation sous peine de mort, n'est pas à la vérité aussi merveilleux que ce qu'on lit dans les dialogues de Platon, mais doit également être relégué au pays des fables.

FIN DE L'AFRIQUE.

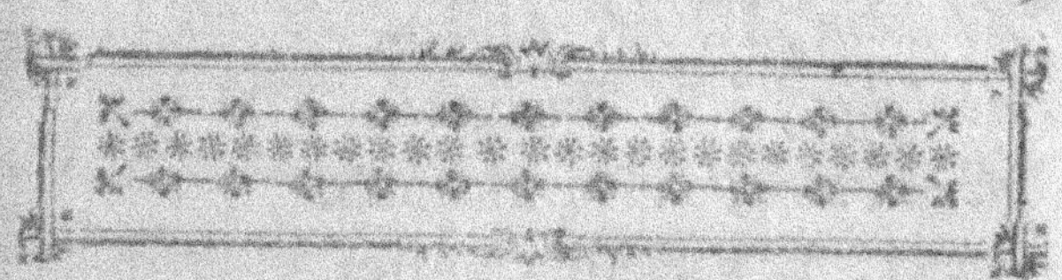

NOMENCLATURE

ALPHABÉTIQUE

Servant de Supplément à ce qui est inséré
dans le corps de l'Ouvrage.

*Le premier chiffre romain désigne le Volume,
& le second en plus petit caractere distingue une Section particulière en chaque
Volume.*

A

Abacænum, I. vi. près de Tripi.
Aballaba, I. iii. Apple-by.
Aballo, I. ii. Avalon.
Abella, I. vi. Abella vecchia.
Abelterium, I. i. Alter-pedroso.

F iij

Abisama, II. IV. Abian.

Abobriga, I. I. Bayona.

Abodiacum, I. V. Hapach.

Abola, I. VI. Aula antica.

Abusina, I. V. Abensperg.

Abus mons, II. II. Abi-dag.

Acalandrus fl. I. VI. Salandrella.

Acanthus, III. I. Dashur.

Accipitrum inf. vel Enosis, I. VI. San-Pietro.

Acerræ, I. VI. Acerra.

Acerræ, (*Gall-Cifalp*,) I. VI. Gera.

Achfaph, II. III. Shakif-Tiron.

Acheron fl. I. VI. Chrifaora.

Acidava, I. VIII. Lucavez.

Acinipo, I. I. Ronda la vieja.

Aciris fl. I. VI. Agri.

Acitodunum, I. II. Ahun.

Acmonia, I. VIII. Lugos.

Acontifma anguftiæ, I. VII. Afperofa.

Acoris, III. I. Tehené.

Acræ, I. VI. Palazzolo.

Acragas fl. I. VI. Fiume de Girgenti.

Acra - melæna, II. I. Calin-acra.

Acritas prom. II. 1. Acrita.

Acro - Athos prom. I. VII. Cap de Monte Santo.

Acronius lacus, I. 11. Unter - fee, ou partie inférieure du L. de Conſtance.

Actium prom. I. V 1. Punta de la Civola.

Acunum, I. 11. Ancone.

Adellum, I. 1. Elda.

Adrana fl. I. 1V. Eder.

Adrianum, I. V1. Ariano.

Aduaticorum oppidum, I. 11. Falais ſur la Méhaigne.

Æantium, II. 1. Nouv. Château d'Europe.

Æcæ, I. V1. Troja.

Æculanum, I. V1. Eclano.

Ædonis inſ. III. 111. Bomba.

Ægæ, II. 1. Guzel-hiſar.

Ægaleus mons, I. V I 1. Monte de San Nicolo.

Ægilon vel Capraria inſ. I. V 1. Capraia.

Ægimuri aræ, III. 111. al Giamur, ou les Zimbres.

Ægitna, I. 11. Sur le Goulfe Jan.

F iv

Ægusa inf. I. vi. Favognana.

Ægusa inf. III. iii. Linosa.

Æmate, I. v. Smianie.

Ænia, II. i. Einia.

Ænos, II. iii. Saasa.

Ænus mons, I. vii. Monte Leone.

Æmines portus, I. ii. Embiez.

Aeria, I. ii. au Mont Ventoux.

Æstuarium, I. i. Astro.

Ætna, I. vi. Nicolosi.

Agarum prom. I. ix. Kossa Federowa.

Agathoclis Insulæ, III. ii. Abd-el-Curia.

Agathyrnum, I. vi. Agati.

Agelocum, I. iii. Litle-broug.

Agni cornu, III. i. Megaizel.

Agnotes, I. ii. Ack.

Agora, I. viii. Playar.

Agrilium, II. i. Biledgik.

Aguntuon, I. v. Inniken.

Agyrium, I. vi. San Filipo d'Argirone.

Aï vel Gaï, II. iii. Haï.

Alaba, I. i. Alagon.

Alabastrites mons, III. i. Gebel-il-Kalil.

Alabastrón polis, III. i. vestiges.

Alæfa, I. vi. Santa-Maria de Palazzi.
Alæfas fl. I. vi. Pettineo.
Alalæi infulæ, III. ii. Ifles d'Habael.
Alamatha, II. iii. Elamora.
Alamons, I. ii. Moneftier d'Alamont.
Alander fl. II. i. Alhaur.
Alatrium, I. vi. Alatri.
Alauna, I. ii. les Moutiers d'Alone.
Alaunus fl. I. iii. Avon.
Alba, I. i. Salvatierra (de Alava.)
Alba, (*in Baftit.*) I. i. Alboz.
Alba Docilia, I. vi. Albizola.
Albianum, I. v. Aibling.
Albinia fl. I. vi. Albegna.
Albiniana, I. ii. Alfen.
Albocella, I. i. Albancella.
Album-litus, III. i. Ripa-alba.
Alburnus mons, I. vi. Albanella.
Alces, I. i. Alcazar.
Alconis, I. ii. Aigue-bone.
Alerca, I. ii. Ardantes.
Aletium, I. vi. Santa-Maria dell' Alizza.
Aletum, I. ii. Guich-Alet, ou la Cité.
Alexandria (*Cypri*) II. iii. Aleffandreta.

Alexandroschæne, II. III. Scandaréta.

Alex fl. I. VI. Alece.

Algæ, I. VI. Val d'Aliga.

Alingo, I. II. Langon.

Alisincum, I. II. Anizi.

Alisò, I. IV. Alsen.

Alisontia, I. II. Alserz.

Allisæ, I. VI. Alifi.

Almum (ad), I. VIII. Lom-grad.

Almus fl. I. VIII. Lom.

Alona, I. III. Kirhby Lon-dale.

Alsa fl. I. VI. Ausa.

Alsium, I. VI. Statua.

Altanum, I. VI. Pagliapoli.

Alta-ripa, I. II. Altrip.

Aluntium, I. VI. Alontio.

Alzi, III. I. Medinet-Iahel.

Amagetobriga, I. II. la Moigte de Broie.

Ambacia, I. II. Amboise.

Ambarri, I. II. dans la Bresse.

Ambiatinus vicus, I. II. Konigstuhl.

Ambrussum, I. II. Pont Ambrois.

Amiternum, I. VI. vestiges à San Vitte-
rino.

Ampelos prom. I. VII. Cap Xacro.

Amutria, I. VIII. Motru.

Anapus fl. I. VI. Anapo.

Anatilii, II. II. sur le Rhône, près de la mer.

Ancyrôn-polis, III. I. Eggerone.

Anderis, I. III. la Rye.

Andethanna, I. II. Epternach.

Andrapa, II. II. Karghi.

Andriace, II. I. Cacamo.

Andusia, I. II. Anduse.

Anemo fl. II. VI. Amone.

Angitula fl. II. VI. Ancitola.

Annamatia, I. V. Adom.

Anneianum (*ad Athesin*) I. VI. Legnago.

Anneianum, I. VI. Borgo di San Lorenzo.

Anonium, I. V. Non.

Ante Troada insulæ, II. I. Isles des Lapins, & Mavro-nisi.

Anthemusias, II. III. Shar-melik.

Antiana, I. V. Secziu.

Anticcitas fl. II. VIII. bras du Kuban.

Antros ins. I. II. Soulac.

Anxia, I. VI. Anzi.

F vj

Apeneste, I. VI. Vieste.

Aphrodisium, II. III. vestiges.

Apicilia, I. VI. Latisana.

Apocopa, III. II. Bandel d'Agoa.

Apollinis Alæi Templ. I. VI. Torre del Capo d'Alice.

Aponi fontes, I. VI. Abano.

Appii Forum, I. VI. Borgo longo.

Aprustum, I. VI. Aprigliano.

Aptungie, III. I. Longisaria.

Aquæ, I. IV. Baden.

Aquæ, I. V. Topolovatz.

Aquæ (près d'Asculum) I. VI. Acqua Santa.

Aquæ, I. VI. la Bagnara.

Aquæ, I. VII. Bagni.

Aquæ Bilbilitanorum, I. I. Al-hama.

Aquæ Bormonis, I. II. Bourbon l'Archambaud.

Aquæ Borvonis, I. III Bourbone - les-Bains.

Aquæ Cæretanæ, I. VI. Bagni di Scigliano.

Aquæ Calidæ, I. I. Caldas.

Aquæ Calidæ, I. II. Vichi.

Aquæ Calidæ, III. III. Hammam-Lef.

Aquæ Cilenorum, I. I. Caldas de Rey.

Aquæ Convenarum, I. II. Capbern.

Aquæ Helveticæ, I. II. Baden.

Aquæ Neræ, I. II. Néris.

Aquæ Nisineii, I. II. Bourbon l'Anci.

Aquæ Pisanæ, I. VI. Bagni.

Aquæ Populoniæ, I. VI. Caldana.

Aquæ Querquennæ, I. I. Baños de Mol-
gas.

Aquæ Quintianæ, I. I. Sarria.

Aquæ Segestanæ, I. VI. Bagni.

Aquæ Segeste, I. II. Ferrières.

Aquæ Segete, I. II. Aissumim.

Aquæ Siccæ, I. II. Seches.

Aquæ Voconiæ, I. II. Caldes.

Aquæ Volaterranæ, I. VI. Monte Cerberi.

Aqua-viva, I. V. Dernouci.

Aquensis vicus, I. II. Bagnères.

Aquileia, I. VI. Aquila diruta.

Aquilonia, I. VI. la Cedogna.

Aquinum (Gall. Cisalp.) I. VI. Acquaria.

Aquinum (Latii) I. VI. Aquino.

Arabius fl. II. vi. Araba, ou il-Mend.

Aracca, II. v. Wafit.

Aræ Flaviæ, I. v. Heiligenberg.

Ara Ubiorum, I. ii. Gotsberg près de Bonn.

Arauris fl. I. ii. Eraut.

Arbis fl. II. v. Afit-ab.

Arbor-felix, I. v. Arbon.

Arcidava, I. viii. Verfziz.

Arcobriga, I. i. Arcos.

Arebrignus Pagus, I. ii. partie du Dioc. d'Autun, voisine de la Saône, au nord du Dioc. de Challon.

Arenatium, I. ii. Aert.

Areva fl. I. i. riv. d'Arevalo.

Argari, II. ix. Oreyur.

Argennum prom. I. vi. Capo de Sant-Aleffio.

Argentanum, I. vi. Argentano.

Argentomagus, I. ii. Argenton.

Argentovaria, I. ii. Artzen-heim.

Arginuſſæ inſulæ, II. i. Arginuſi.

Argous portus, I. vi. Porto Ferraro.

Arguſtana, II. i. Artañ.

Arialbinnum, I. 11. Binning près de Basle.

Aricia, I. vi. la Riccia.

Ariconium, I. iii. Ken-chester.

Ariola, I. ii. Vroil.

Ariolica, I. ii. Aurilli.

Ariolica (*in Sequan.*) I. ii. Pont-Arlier.

Ariolica, I. vi. Peschiera.

Aritium Prætorium, I. i. Benavente.

Arlape, I. v. Erlaph.

Arminia fl. I. vi. Fiore.

Arna, I. vi. Civitella d'Arna.

Arna, I. vii. Serine.

Arnestum, I. vi. près de Monopoli.

Aro fl. I. vi. Arrone.

Aroca fl. I. vi. Croche.

Arocelis, I. i. Huarte-Araquil.

Arretium Julium, I. vi Giovi.

Arretium Fidens, I. vi. Castiglione Arce-tino.

Arriaca, I. i. Guadalajara.

Artane, II. i. Reden.

Artemisium, II. i. Cinq-Eglises.

Artiaca, I. ii. Arci sur Aube.

Arua, I. 1. près de Lora.

Arubium, I. v. Modrus.

Arrucci novum, I. 1. Moura.

Arrucci vetus, I. 1. Arroche.

Asea, II. iv. Olu-Iahseb.

Ascelum, I. vi. Asolo.

Asciburgium, I. 1. Asburg.

Asculum (*Apulum*) I. vi. Ascoli.

Asindo, I. 1. Medina-Sidonia.

Aspacæa, II. viii. Peim.

Aspaluca, I. 11. Acous dans la vallée
   d'Aspe.

Aspia fl. I. vi. Aspido.

Aspis, I. 1. Aspe.

Aspis, II. 1. Psili-bourun.

Aspithra, II. ix. Shantebon.

Assa Paulini, I. 11. Anse.

Assisium, I. vi. Assisi.

Assorus, I. vi. Assaro.

Assus, I. vii. Alazzo.

Assus, I. viii. Assarli.

Astacilis, III. iii. Tesailah.

Astacus, I. vii. Dragomeste.

Astapa, I. 1. Estepa la-Vieja.

Astelephus fl. II. II. Mokis-scari.

Astibus, I. VII. Istib.

Astura, I. VI. Torre d'Astura.

Atacini, I. II. sur la riv. d'Aude.

Atalanta inf. I. VII. Talanta.

Atalantes-nesium, I. VII. Talanta.

Ategua, I. I. Tegva ou Teba.

Atella, I. VI. Sant-Arpino près d'Aversa.

Atellum, I. VI. Laviello.

Athenopolis, I. II. Agathon ou Agay.

Atina, I. VI. Atina.

Atina, I. VI. Atino.

Atrax, I. VII. Ternovo.

Attacum, I. I. Ateca.

Attidium, I. VI. Attigio.

Atys fl. I. VI. Carabi.

Avas fl. I. VII. Vuvo.

Avatici, I. II. aux environs de Marti-
gues.

Audus fl. III. III. Adous ou Zowah.

Ausena, I. VI. Ofena.

Augusta, I. II. Aouste.

Augusta, I. VIII. Rahova sur Ogost.

Augustana, I. V. Auburg.

Augustobriga, I. 1. Muro près d'Agreda.

Augustobriga (*ad Tagum*) I. 1. Puente del Arzobispo.

Augustodurum, I. 11. passage de la Vire.

Augustum, I. 11. Aoste.

Avia vel Aveia, I. vi. Civita di Bagno.

Avisio portus, I. 11. port d'Eza.

Aulæi - tichos, I viii. Rouzé.

Aulerci Brannovices, I. 11. Briennois.

Aunedonacum, I. 11. Aunai.

Aureus mons, I. vi. Monti di Tenda.

Auser fl. I. vi. Serchio.

Ausigda, III. 1. Zadra.

Ausoba, I. iii. Gallway.

Ausona, I. vi. Sonnino.

Ausugum, I. v. Val Sugana.

Axelodunum, I. iii. Hexham.

Axiacet fl. I. ix. Teli-gol.

Axima, I. 11. Aisme.

Axuenna, I. 11. Neuville - au Pont sur l'Aisne.

Axuenna, autre passage de l'Aisne.

Axylis, III. 1. Fosselli.

Aza, II. iii. Ezaz.

Azao, I. v. Zen.
Azorus, I. vii. Servitza.

B

*B*accaiæ, II. iii. Bakas.
Baccanæ, I. vi. Baccano.
Badera, I. ii. Bafiége.
Badesis fl. I. vi. Ronco.
Bætulo, I. i. Badalona.
Balepatna, II. ix. Patan.
Balonga, II. ix. Patani.
Banchis, III. i. Temeh-Iſſebag.
Bantia, I. vi. S. Maria de Vanze.
Barax-malcha, II. iii. Verixa.
Barbana fl. I. v. Boiana.
Barbarium prom. I. i. Cap d'Eſpichel.
Barduli, I. vi. Barletta.
Bargus fl. I. viii. Kuaritz.
Bargylia, II. i. Barghili.
Baria, I. i. Vera.
Bafcifi Montes, III. i. Monts Meiés.
Bafilia, I. ii. Baſle.
Bafifis, II. vii. Baxda.

Batavorum oppidum, I. ɪɪ. Batenburg.

Batiana, I. ɪɪ. Baix.

Batinus fl. I. vɪ. Tronrino.

Botrachus portus, III. ɪ. Batraka, vulgò
   Patriarcha.

Batus fl. I. vɪ. Bato.

Baudobrica, I. ɪɪ. Berick.

Baudobrica, I. ɪɪ. Bopatt sur le Rhin.

Bautæ, I. ɪɪ. Vieux Anneci.

Beda, I. ɪɪ. Bidburg.

Bedriacum, I. vɪ. Cividale.

Beeroth, II. ɪɪɪ. Bir.

Belbina inf. I. vɪɪ. Lavousa.

Belca, I. ɪɪ. Bouzi.

Belerides insulæ, I. vɪ. Serpentera.

Belgica, I. ɪɪ. Bledberg.

Belginum, I. ɪɪ. Baldenau.

Belia, I. ɪ. Belchire.

Belindi, I. ɪɪ. Belin.

Belisama Æstuarum, I. ɪɪɪ. Mersey R.

Bellintum, I. ɪɪ. Barbentane.

Belsinum, I. ɪɪ. Bernet.

Belunum, I. v. Bellano.

Bennones, I. ɪɪɪ. High-cross, où deux

voies Romaines se croisent.

Benno-venna, I. III. Wedin sur Nyn R.

Bercorates, I. II. Biscarrosse.

Beregra, I. VI. Civitella di Tronto.

Bergidum, I. I. Vierzo.

Bergintrum, I. II. Belantre.

Bergulæ, I. VIII. Bergase.

Bergustum, I. II. Bourgoin.

Bericiana, I. V. Purkheim.

Besbicus ins. II. I. Kalo-limno.

Besidiæ, I. VI. Bisignano.

Betasti, I. II. Beetz.

Bethagabra, II. III. Bethgibrin.

Bethar, II. IIt. Ali-ben-Aalam.

Bethsur, II. III. Bethsur.

Bibrax, I. II. Bièvre.

Bidaium, I. V. Burghausen.

Bigerra, I. I. Bogarra.

Bilitio, I. V. Belinzona.

Biscargis, I. I. Berrai.

Bistue, I. V. Vissok.

Biturgia, I. VI. Levana.

Blanda, I. I. Blanés.

Blanda, I. VI. Maratia.

Blariacum, I. II. Blerick.

Blascon inf. I. II. Brescon.

Blatobulgium, I. III. Bowl-neff.

Blavta, I. II. Blavet.

Blavia (*ad Garumn.*) I. II. Blaye.

Blera (*Apul.*) I. VI. près de Gravina.

Blera (*Etrur.*) I. VI. Bieda.

Boactes fl. I. VI. Vara.

Boagrius fl. I. VII. Broio.

Bocani , II. IX. Kobocan.

Bodincomagus , *vel Induftria* , I. VI. Mon-
teù.

Bodiontici , I. II. dans le Dioc. de Digne.

Bœa , I. VII. Vatica.

Bœonas inf. II. IX. Diu.

Boii , I. II. partie du Diocèfe d'Autun
dans le Bourbonnois.

Bolbe palus , I. VII. Peschiera.

Bomium , I. III. Cow-brige.

Bonconica , I. II. Oppenheim.

Boofura , II. III. Bifur.

Boras Mons , I. VII. M. de Prilipo.

Borgys , II. VIII. Ketchili.

Bormanni , I. II. Bormes.

Borrama, II. III. Bemaram.

Boxum, I. II. Buffière.

Bradanus fl. I. VI. Bradano.

Brannodunum, I. III. Burn-ham.

Brannovices, I. II. Briennois.

Branonium, I. III. Stretton.

Bremenium, I. III. Bramton.

Bremetonacum, I. III. Rible-chefter.

Brepus, II. II. Aké-kala.

Breviodurum, I. II. Pont-Audemer.

Breuni, I. V. Val Braunia.

Brigantio, I. II. Briançoner.

Brigecum, I. I. Villa Brifar.

Brigiofum, I. II. Briou.

Brigobanne, I. V. Bodman.

Britanni, I. II. entre le Boulonois & le
    Pontieu.

Brivas, I. II. Vieille-Brioude.

Brivodurum, I. II. Briare.

Bromagus, I. II. Promazens.

Brovonacis, I. III. Kirkby-thur.

Brundulus portus, I. VI. Brondolo.

Brunga, II. I. Vranjia.

Bryas, II. I. Maltepet.

Buca, I. vi. Termoli.

Bucephalium, I. vii. Porto-Franco.

Bucinna inf. I. vi. Levenzo.

Budua, I. i. Botoa.

Bullæum, I. iii. Buelt.

Burdenis, I. v. Belekis.

Burginatium, *vel Quadriburgium*, I. ii. Skenk.

Burgus, I. ii. Bourg.

Burgus fl. I. viii. Kangik ou Burgas.

Burnum, I. v. Tnin.

Burredensii, I. viii. Burze-land.

Burtudisus, I. viii. Eski-Baba.

Burum, I. i. Bivero.

Buruncus, I. ii Woringen.

Bussinius Mons, I. v. M. Ivan, duquel sort la rivière de Bosna.

Butrium, I. vi. Sant Alberto.

Butuntum, I. vi. Bitonto.

C

CABASA, III. i. Cabas-el-Meleh.

Cæcina fl. I. vi. Cecina.

Cæcinum,

Cæcinum, I. VI. Satriano.

Cælina, I. VI. Monte-regale sur Celina Fiume.

Cænis prom. I. VI. Ponta del Pezzolo.

Cæno, I. VI. Nettuno.

Cærest, I. II. sur la riv. de Chiers.

Cæsariana, I. VI. Buon-albergo.

Cæsaromagus, I. III. Chelmesford.

Cæsronianum, I. VI. la Carfagnana.

Calacte, I VI. Caronia.

Calagorgis, I. II. Cazères.

Calagum, I. II. Chailli.

Calagurris, I. I. Loare.

Calama, II. VI. Calamat.

Calama, III. II. Gelma.

Calamæ, I. VII. Calamata.

Calamon, II. III. Calamon.

Calathe inf. III. III. Galita.

Calatia, I. VI. Gaiasa près de Caserta.

Calauria inf. I. VII. Isles des Corsaires.

Calcaria, I. II. Cadieres.

Calcaria, I. III. Tad-caster.

Calentes-aquæ, I. II. Chaudes-aigues.

Cales, I. VI. Calvi.

Tome III. G

Caleva, I. III. Alton.

Calingón portus, II. IX. Cosinga.

Calliana, II. IX. Calanja ou Caranja.

Callisæ, I. VI. Carifé.

Callipolis (*Sicil.*) I. VI. Gallipoli.

Calliope, II. V. Ras-al Kalb.

Callis, I. VI. Cagli.

Callum, I. VIII. Comburgas.

Callyre, I. VIII. Kavarnac.

Calone, I. II. Kelnet ou Kenlet.

Calor fl. I. VI. Caloré.

Camatullici, I. II. Ramatuelle.

Cambes, I. II. Kembs.

Cambiovicenfés, I. II. Chambon.

Cambodunuon, I. III. Almans-bury.

Camboritum, I. III. Cambridge.

Cambrufa, II. I. Cambrufa, ou Porte
    Venetico.

Camelomagus, I. VI. Stradela.

Camicianæ aquæ, I. VI. Castel Termine.

Gamicus, I. VI. Piataneila.

Campona, I. V. Buda-vetus.

Camponi, I. II. Campan.

Canales, I. VI. Fonte Canile.

Canalicum, I. vi. Carchere.

Candidum prom. II. iii. Ras-el-Abiad.

Candriaces fl. II. vi. Kurenc.

Caninefates, I. ii. partie occidentale de l'Isle des Bataves.

Cantanum, I. vii. Candano.

Cantilia, I. ii. Chantelle.

Capara, I. i. Capara.

Capena, I. vi. Civitella près de Fiano.

Capitium, I. vi. Capizzi.

Caprasiæ ostium, I. vi. Porto di Magna vacca.

Caracates, I. ii. dans le diocèse de Maïence.

Caracodes portus, I. vi. la Tonara.

Caræ, I. i. Cariñena.

Caralitanum prom. I. vi. Cap Saint-Elie.

Caranusca, I. ii. Garsch.

Cararia, I. vi. Catara.

Carasa, I. ii. Garis,

Carbia, I. vi. Algher.

Cardamyla, I. vii. Cardamyla.

Cardamyla, II. i. Cardamyla.

Careiæ, I. vi. Galera.

G ij

Carentini, *inferiores & superiores*, I. VI.
 Civita del Conte, & Civita Burella.

Carilocus, I. II. Charlieu.

Carisa, I. I. Carixa près de Bornos.

Caristum, I. VI. Caroso.

Carminianum, I. VI. Carmignano.

Carmylessus, II. I. Hibissi.

Carocotinum, I. II. Harfleur.

Carpasia, II. III. Riso Carpaco.

Carpis, I. V. Vicegrad.

Carpis, III. III. Gurbes.

Carrea Potentia, I. V. Carru.

Carrodunum, I. IX. Cracovie, & Leopol.

Carseoli, I. VI. vestiges au-dessus de
 Tivoli.

Carsici, I. II. port de Cassis.

Carsulæ, I. VI. vestiges près de San
 Gemini.

Cartalimen, II. I. Cartal.

Carthago vetus, I. I. Canta-vieja.

Carura, II. VII. Karè.

Ca us vicus, II. I. Tcherkesh.

Caryanda, II. I. Karacoion.

Casamba, II. IX. Ganjam.

Casinum, l. vi. San-Germano près de Monte Casino.

Casperia, l. vi. Aspra.

Caspiana, II. v. Kazevan ou Mogan.

Caspingium, l. ii. Asperen.

Cassinomagus, l. ii. Chassenon.

Cassiope, l. vii. Cassopo.

Castellum, l. vi. Castel Raniero.

Castellum Romanum, l. ii. Brittenburg.

Castellum Trajani, l. iv. Cassel.

Castra Cornelia, III. iii. Gellah.

Castra Exploratorum, l. iii. Old Carlile.

Castra Hannibalis, l. vi. Roccella.

Castra Herculis, I. ii. Malburg.

Castra nova, l. viii. Caracal.

Castrum Firmanum, l. vi. Torre di Palma.

Castrum Minervæ, l. vi. Castro.

Castrum novum (*Etrur.*) l. vi. Torre Chiaruccia.

Castrum novum (*Piceni*) l. vi. Giulia nova.

Castrum Truentinum, l. vi. Monte Brandone.

Casuaria, l. ii. *Ceserieux.*

Casuentus fl. I. VI. Basiento.
Casus inf. II. I. Caso.
Cataractes fl. I. VII. Zuzuro.
Cataractonium, I. III. Cater-wick.
Catualium, I. II. Hael.
Catustacum, I. II. Chaours.
Caulon, I. VI. Caulonia distrutta.
Causennis, I. III. Fokingham.
Ceba, I. VI. Ceva.
Cebenia, I. VIII. Ceben.
Cebrum (*ad*) I. VIII. Ziber.
Cebrus fl. I. VIII. Zebris.
Celeusum, I. V. Kel-heim.
Cema mons, I. II. Camelione, la Caillole.
Cemenelium, I. II. Cimies.
Cena, I. VI. Siculiana.
Cenalata, I. VI. San-Fiorenzo.
Cenchreæ, I. VII. Kenkri.
Ceneta, I. VI. Ceneda.
Centurinum, I. VI. Centuri.
Centuripæ, I. VI. Centorbi.
Cephissia, I. VII. Kephisia.
Cepionis turris, I. I. Chipiona.
Cerata mons, I. VII. Kerata.

Ceratus fl. I. VII. Aposelemi.

Cerbalus fl. I. VI. Carapelle.

Cereballiaca, I. II. Chabueil.

Cerfennia, I. VI. Santa-Felicita in Cer-
fenna, près de Coll' Armelo.

Cerilli, I. VI. Cirella.

Cerinthus, I. VII. Lero.

Cermia, II. III. Cormachiti.

Cervaria, I. II. Calla Cervera.

Cerynia, II. III. Cerina.

Cesada, I. I. Hita.

Cessero, I. II. Saint-Tuberi.

Cestiæ, I. VI. Mont Sestin.

Cetaria, I. VI. Calla dello Scuarciatoré.

Cevelum, I. II. Cuick.

Chalcia inf. II. I. Karki.

Chalcis (ad Liban.) II. III. Kalcos.

Chalcitis inf. II. I. Karki.

Charax, I. IX. Iali-agash.

Chariens fl. II. II. Enguri.

Charus fl. II. II. Marmar-scari.

Chereidæ, II. I. Keriadeh.

Chersonesus (Sardin.) I. VI. Tavolaro.

Chersonesus (Eubææ) I. VII. Cherronesi.

G iv

Cherſoneſus (*Argolidis*) I. VII. Cophni-
   dia.
Cherſoneſus (*Laodiceæ*) II. III. Cap Zia-
   ret.
Cherſoneſus (*Perſidis*) II. VI. Bender-
   Risher.
Cherſoneſus (*Indiæ*) II. IX. Cincatora.
Cherſoneſus (*Libyæ*) III. I. Ras-Iathne,
   vulgò Raxatin.
Chimera, I. VII. Cimera.
Chora, I. II. veſtiges ſur la rive gauche
   de la Cure.
Chora, I. VIII. Khoraz.
Cianeus fl. II. II. Cianis.
Ciminus mons, I. VI. Montagne de
   Viterbe.
Cingulum, I. VII. Cingoli.
Cinium, I. I. Sineû.
Ciſſus, II. I. Ciſmé.
Ciſthene inſ. & opp. II. I. Caſtel-roſſo.
Cithariſta, I. II. la Ciotat près de Cereſte.
Cithariſtes prom. I. II. Cap Cicier.
Claderna, I. VI. Quaderna.
Clambetis, I. V. Clapaz.

Clampetia, I. VI. Amantea.

Clanis fl. (*Campan.*) I. VI. Lagnio.

Clanum, I. II. Vulaine.

Clarona, I. V. Knoringen.

Claſtidium, I. VI. Schiatezzo.

Claudiopolis, II. I. Eskelib.

Clavenna, I. V. Cleven ou Chiavenna.

Cleuſis fl. I. VI. Chieſé.

Clides inſulæ, II. III. Clidi.

Cliternia, I. VI. Civita-à-maré.

Clunia, I. V. Alten-ſtat près de Feld-
  kirk.

Clunium, I. VI. Portociolo.

Cluſium novum, I. VI. Chiuſi.

Cluſo fl. I. VI. Cluſon.

Có, III. I. Samalut.

Coba, III. III. Bujeiah.

Cobus fl. II. II. Copi.

Coccium, I. III. Cockley.

Cocintum, I. VI. Stilo.

Cocintum prom. I. VI. Capo Stilo.

Cocoſates, I. II. dans les Landes.

Cœlia, I. VI. Cegli.

Cœlianum, I. VI. Stigliano.

G v

Cœliobriga, I. 1. Barcelos.

Cœlius mons, I. v. Kel-muntz.

Colenda, I. 1. Cotanda.

Colias prom. I. vii. Agio Nicolo.

Collippo, I. 1. près de Leiria.

Colubraria, I. 1. Monte Colibré.

Columbarium prom. I. vi. Cap Figari

Columna Rhegina, I. vi. la Catona.

Comagenis, I. v. Passage du Kalenberg.

Comarus portus, I. vii. Porto Fanari.

Combariſtum, I. ii. Combrée.

Combretanium, I. iii. Breten-ham.

Combuſta inſ. II. iv. Volcan.

Compitum, I. vi. Savignano.

Complutica, I. 1. Outeiro.

Concana, I. 1. Cangas de Onis.

Concordia, I. ii. Alt-ſtat près de Weiſ-
	ſenburg.

Condate, I. ii. Montreau-faut-Ionne.

Condate, I. ii. Condé ſur Iton.

Condate, I. ii. Cône.

Condate, I. ii. Coignac.

Condate, I. ii. Condat près de Libourne.

Condate, I. iii. Norwick.

Conope, I. VII. Argyro-castro.

Conovium, I. III. Caer-rhin sur Conwy Riv.

Contra Aginnum, I. II. Condran..

Contributa, I. I. Medina de las Torres.

Copæ, I. VII. Polea.

Copais lacus, I. VII. Livadia limné.

Cophanta fl. II. VI. R. de Mend.

Cora, I. VI. Coré.

Corace, II. III. Karak-Shaubak.

Corax fluv. II. II. Coddors, ou bien Sehoum.

Coraxiæ iusulæ, I. VII. Chero & Anti-Chero.

Corbiene, II. V. Khorrem-abad.

Corbilo, I. II. Coëron.

Cordylusa, II. I. Isle de Sainte-Catherine.

Coriallum, I. II. Havre de Gouril.

Cornacum, I. V. Erdëut.

Cornus, I. VI. Piginuzi.

Corobilium, I. II. Corbeille.

Coropassus, II. I. Kou-hisar.

Corstopitum, I. III. Morpeth.

G vj

Cortata, II. IX. Patanor.

Corterate, I. II. Coutras.

Corticata inf. I. I. Cezarga.

Cortoriacum, I. II. Courtrai.

Coryceon prom. II. I. Cap Curco.

Corycum, I. VII. Coraca.

Corycum (*Lycia*) II. I. Porto Genovese.

Corydalus mons, I. VII. Picro-Daphné.

Cosa, I. II. Coz.

Coscilinum, I. VI. Cogliano.

Costa Ballenæ, I. VI. la Riva.

Cossyra inf. I. VI. Pantalaria.

Cottiæ, I. VI. Cozzo.

Cranaë inf. I. VII. Fenocchio.

Cranii, I. VII. Vestigie di Cranea.

Crarium, II. I. Tarjea.

Crastus, I. VI. Palazzo Adriano.

Crastui fl. I. VI. Crati.

Crastui fl. I. VIII. Actati.

Creusis, I. VII. Cacos.

Crimisa, I. VI. lo Ziro.

Crimisa prom. I. VI. Capo dell' Alice.

Crimisus fl. I. VI. Lipuda.

Crimisus fl. (*Sicil.*) I. VI. F. di Calta-
bellotta.

Crithea, I. VII. Critia.

Crixia, I. VI. Cairo.

Crommyon prom. II. III. Cap Cormachiti.

Crotalus fl. I. VI. Corace.

Cruni, I. VIII. Baltchik.

Crusinie, I. II. Crissei.

Crustumius fl. I. VI. Conca.

Cuccium (ou *Buccium*) I. V. Vuko-var.

Cuculli, I. V. Kûchl.

Cuneus aureus, I. V. Splugen.

Curi, II. VI. Candabil.

Cunicularium prom. I. VI. Cap de Pola.

Cuppæ, I. VIII. Kolumbacz.

Cupra maritima, I. VI. Grotté-à-maré.

Cupra montana, I. VI. au-dessus de Ripa-
   transone.

Curia, I. III. Cor-bridge.

Curmiliaca, I. II. Cormeilles.

Curta, I. V. Curta.

Cusum, I. V. Kozuan.

Cutiliæ, I. VI. Cotila.

Cynethæ, I. VII. Calabrita.

Cyneticum littus, I. II. plage de Canet.

Cyparissia & Asopus, I. VII. Castel-Ram-
pano.

Cyphanta, I. VII. Kuphanta.

Cytæum, I. VII. *forte* le lieu qu'occupe
Candie.

Cytheron mons, I. VII. Elatia.

Cynossema, I. VIII. les Cyprès.

Cynossema, II. I. Capo de Volpe.

D

DACTONIUM Lemaviorum, I. I.
Montforte de Lemos.

Dades prom. II. III. Cap Chiti.

Dædalium, I. VI. Castro di Palma.

Dagana, II. IX. Tanawar.

Damna, II. VIII. Manas.

Daphnæ, III. I. Safnas.

Davianum, I. II. Veine.

Daulis, I. VII. Dalia.

Daunium, I. III. Doncaster.

Decastadium, I. VI. Laua.

Decelia, I. VII. Biala-castro.

Decem-pagi, I. II. Dieuze.

Decetia, I. II. Decise.

Delgovitia, I. III. Weigton.

Delphinium, II. I. Porto Delfino.

Deobriga, I. I. Miranda de Ebro.

Derris extrema, III. I. Cap Deras ou Daraso.

Derveinte, II. II. Derbend.

Derventum, I. III. Ald-by.

Deva, I. III. Chester, en remarquant que Dée est le nom de la rivière.

Diacira, II. III. Zizaeri.

Diana, III. III. Tagu-Zaina.

Dianæ stagnum, I. VI. Stagno di Diana.

Dianium prom. I. I. Cap Martin.

Dianium inf. I. VI. Gianuti.

Diarræa, III. I. Zoara.

Dibio, I. II. Dijon.

Didattium, I. II. la Cité près de Passavant.

Didyme insulæ, I. VI. Saline.

Dierna, I. VIII. Orsova, au confluent de la Czerna.

Diglito, II. II. Diglir.

Dinaretum, II. III. Denarés.

Diodurum, I. II. Jouare.

Diolindum, I. II. la Linde.

Dionysiades insulæ, I. VII. Gionisiades.

Dionysias, III. I. Beled-Kerun.

Diospolis, II. I. Aksheh-shar.

Diva, I. I. Deva.

Divitense munimentum, I. IV. Deutz.

Domana, II. I. Mama-katoun.

Dorticon, I. VIII. Rakinitza.

Dothain, II. III. Aïn-Ettugiar.

Drahonus fl. I. II. Traun.

Draudacum, I. VII. Darda.

Drepanum, I. II. Glossa & Ialova.

Drepanum prom. II. III. Cap Trapano.

Drepanum prom. (*Ægypti.*) III. I. Ras Zâfrané.

Drepanum prom. (*Libyæ.*) III. I. Cap de Derne.

Drium, I. VI. Monte Sant-Angelo.

Drubetis, I. VIII. Drivizza.

Drymusa inf. II. I. Isle de Vourla.

Dumnissus, I. II. Sonner-wald.

Duodecimum (ad) à Noviomago.) I. II. Doden-werd.

Durdus mons, III. III. Dubdu.

Durerie, I. II. Treig-hiér.

Durnomagus, I. II. Dormagen.

Durobrivis, I. III. Dorn - ford près de Caster.

Durocasses, I. II. Dreux.

Duro - Catalaunum, I. II. Châlon sur Marne.

Durocobrivis, I. III. Barkamsted.

Durocorinium, I. III. Ciren-cester.

Duroicoregum, I. II. Douriers.

Duroli - pons, I. III. Godman - chester, près d'Huntingdon.

Durolitum, I. III. Rumford.

Duronum, I. II. Estrun-Cauchie.

Durvus mons, I. II. Durvau.

E

EBELLINUM, I. I. Baillo.

Eborolacum, I. II. Ebreul.

Ebredunum, I. II. Iverdun.

Eburi, I. VI. Evoli.

Eburobriga, I. II. Saint-Florentin.

Ebutiana, I. VI. Aliano.

Echinus, I. VII. Echinou.

Ecnomus mons, I. VI. Monte Serrato.

Ectini, I. II. sur la Tinea riv.

Edenates, I. II. Saine.

Edro portus, I. VI. vis-à-vis de Mala-
moco.

Edrum, I. VI. Idro.

Egeta, I. VIII. Vetislau.

Egnatia, I. VI. Torre d'Adanazzo.

Egonis prom. I. VII. Pointe de Panomi.

Egorigium, I. II. Jonkerad.

Eion, I. VII. Pondino.

Elæus, I. VIII. Nouv. Château d'Europe.

Elegium, I. V. Eedt.

Elephas mons & prom. III. II. Mont Fellis.

Eleporus fl. I. VI. Alaro.

Elensa ins. (*ad Attic.*) I. VII. Elisa.

Eleusa & Dendros insulæ, I. VII. Pente
nesia.

Ellomenus portus, I. VII. Porte Climeno.

Elpidium prom. I. III. Mull of Cantir.

Emporium, I. VI. Empurias.

Endidæ, I. V. Egna.

Endor, II. III. Endor.

Engium, I. VI. Gangi.

Enhydra, II. III. Ednut.

Entella fl. I. VI. Sturla.

Epamanduodurum, I. II. Maudeure.

Ephyre inf. I. VII. Isle du Diable.

Epicaria, I. V. Puca.

Epora, I. I. Montoro.

Epotium, I. II. Upais.

Epusum, I. II. Ivois.

Equabona, I. I. Couna.

Equinoctium, I. V. Fischa-münt.

Equus-tuticus, I. VI. Castel-Franco.

Eragiza, II. III. Rajik.

Erbessus, I. VI. Monte Bibino.

Erebantium promont. I. VI. Capo della
  Testa.

Erebinthus inf. II. I. Prota.

Eressus, II. I. Eresso.

Ereta mons & castr. I. VI. Monte Pele-
  grino.

Eretum, I. VI. près de Monte-rotondo.

Erga, I. I. Fraga.

Ergitium, I. VI. San-Severo.

Eribulum, II. I. Ovajik.

Ericodes inf. I. VI. Alicudi.

Ericufa inf. I. VII. Varcufa.

Erix, I. VI. Lerice.

Ernaginum, I. II. entre Saint - Gabriel & Saint-Remi.

Ernodurum, I. II. Saint - Ambroife fur Arnon.

Erubrus fl. I. II. Rouvers.

Eryce, I. VI. Catalfano.

Efco, I. V. Schongau.

Effina, III. II. Brava.

Efubiani, I. II. fur l'Ubaye riv.

Etanna, I. II. Ienne.

Etocetum, I. III. Uttoxeter.

Eudrapa, II. III. Eder.

Eupatorium, I. IX. Ak-Mefchet.

Euphrantas turris, III. III. fur le Cap Lorat.

Exapolis, II. VIII. Panczina.

F

FABRATERIA, I. VI. Falvaterra.

Fæfulæ, I. VI. Fiefole.

Faleria, I. VI. Fallerona.

Falesia, I. VI. Piombino.

Fanum Martis (*Belg.*) I. II. Fammars.

Fanum Mortis (*Lugdun. II.*) I. II. Mont-
martin.

Fanum Martis (*Lugdun. IV.*) I. II. Cor-
seult.

Fanum Minervæ, I. II. la Chappe.

Fanum Voltumnæ, I. VI. Viterbe.

Favonii portus, I. VI. Porto Vecchio.

Fenchi, III. I. Feshn.

Ferentinum (*Etrur.*) I. VI. Ferenti.

Ferentinum (*Latii.*) I. VI. Ferentino.

Feritor fl. I. VI. Bisagno.

Ficaria, I. VI. Figari.

Ficaria ins. I. VI. Isola Cavalli.

Fidenæ, I. VI. vestiges.

Filomusiacum, I. II. Mailloc.

Fines (*Remorum.*) I. II. Fimes.

Fines (*Helvet. & Rhæt.*) I. II. Pfin.

Fines, I. VI. la Fina.

Fiscellus mons, I. VI. Monti della Sibilla
au dessus de Visso.

Flamonia, I. VI. Flagogna.

Flaviobriga, I. 1. Porto Gallete.

Flavionavia, I. 1. Aviles.

Flenium, I. 11. Vlaerding.

Fletio, I. 11. Vleuten.

Flusor fl. I. vi. Chienti.

Fons Tungrorum, I. 11. Spa.

Forentum, I. vi. Forenza.

Formiæ, I. vi. Mola.

Forum Aurelii, I. vi. Montalto.

Forum Cæsaris, I. vi. Orosei.

Forum Cassii, I. vi. Vetralla.

Forum Claudii, I. 11. Centron.

Forum Claudii, I. vi. Oriuolo.

Forum Clodii, I. vi. Fornocchia.

Forum Diuguntorum, I. vi. Crema.

Forum Egurrorum, I. 1. Val Diorrés.

Forum Flaminii, I. vi. San-Giovanne
   pro Flamma.

Forum Gallorum, I. vi. Castel-Franco.

Forum Hadriani, I. 11. Voor-burg.

Forum Ligneum, I. 11. Urdos.

Forum Limicorum, I. 1. Ponte de Lima.

Forum Narbasorum, I. 1. Anciaens.

Forum Neronis, I. 11. Forcalquier.

Forum novum, I. VI. Forano.

Forum Popilii (*Gall. Cisalp.*) I. VI. Forlinpopoli.

Forum Popilii (*Lucan.*) I. VI. Polla.

Forum Tiberii, I. II. Kaiserstuhl.

Forum Voconii, I. II. Gonfaron.

Fossa Augusti, I. VI. Agosta.

Fossa Carbonaria, I. VI. Pô di Ariano.

Fossæ Papyrianæ, I. VI. Foce di Viareggio.

Fossæ insf. I. VI. Isola de Marta.

Fregellæ, I. VI. Caprano.

Fretum Gallicum, I. II. Pas de Calais.

Frigidus fl. I. VI. Vipao.

Friniates, I. VI. Val di Prino.

Frudis ostium, I. II. Heurdel à l'embouchure de la Somme.

Frusino, I. VI. Frosinone.

Fulginium, I. VI. Foligno.

Fundi, I. VI. Fondi.

Furconium, I. VI. Forconio.

G

GABBULA, II. iii. Gebul.

Gabellus fl. I. vi. la Secchia.

Gabii, I. vi. ruiné.

Gabrantovicorum Sinus, I. iii. Golfe d'
  Flamborough.

Gabreta Silva, I. iv. fur les limites de
  la Bavière & de la Bohème.

Gabris, I. ii. Chabris.

Gabromagus, I. v. Crems.

Gabuleue, I. vii. Ibalea.

Gallaad, II. iii. Mont Auf.

Galata, I. vi. Galati.

Galefus fl. I. vi. Galefo.

Gallaba, II. iii. Gıallab.

Gallicum, I. i. Çuera fur le Gallego.

Gallicum, I. vii. Calico.

Gallinaria inf. I. vi. Gallinara.

Gamala, II. iii. Bautfah.

Gargara, II. i. Gargara.

Gargarium prom. I. vi. Capo Vieftice.

Gargarius locus, I. ii. Garguiés.

Garoceli

Garoceli, I. vi. vallée de Pragelas & de Cluson.

Garryenum, I. iii. Yar-mauth.

Garumni, I. ii. Rivière.

Gaura mons, I. ii. Col de Cabre.

Gaureleon, I. vii. Porto Cairo ou Gabriel.

Gazara, II. iii. Jazor.

Gazelum, II. i. Aladgîam.

Gelbis fl. I. ii. Kill.

Gelduba, I. ii. Gelb.

Gemellæ, I. vi. Geminis.

Gemellæ, III. iii. Jemella.

Geminæ, I. ii. Mens.

Geminiacum, I. ii. Gemblou.

Genaunes, I. v. Val d'Agno.

Gengunum, I. vi. Monte Genga.

Genusium, I. vi. Genofa.

Gerainæ, I. ii. Jarain.

Gerenia, I. vii. Zarnata.

Gergis, III. iii. Gergis.

Germa, II. i. Kelmebeh.

Germanicum, I. v. Vohburg.

Geronium, I. vi. Tragonara.

Tome III.   H

Gerra, II. III. Aïn-el-Ger.

Gerrhus fl. I. IX. Molosznija-wodi.

Gerulata, I. V. Kerl-burg.

Gesdao, I. VI. Sezane.

Gesonia, I. II. Zons.

Giarus insf. I. VII. Ioura.

Gigarta, II. III. Gazir.

Gischala, II. III. Aïn-ezzeitun.

Glannativa, I. II. Glandevés.

Glanum, I. II. Saint-Remi.

Goaria, II. III. Hovarein.

Gobannium, I. III. Aber-gevenny.

Gogana, II. VII. Congon.

Gorditanum promont. I. VI. Capo dell
    Asinara.

Gorneas, II. II. Khorien.

Graccuris, I. I. Alfaro.

Gradiaci, I. V. Freifach.

Gramatum, I. II. Granvillars.

Grandimirum, I. I. Muros.

Granianum promont. I. VI. Capo dell
    Chiappa.

Grannona, I. II. Port en Bessin.

Grannonum, I. II. Granville.

Gravinum, I. II. Grainville.

Graviscæ, I. VI. Eremo di Sant-Agostino.

Grinario, I. V. Grisingen.

Griselum, I. II. Greoux.

Grudii, I. II. Terre de Groude.

Grumentum, I. VI. Armento.

Guba, II. III. Guba.

Guntia, I. V. Guntzburg.

Gypsaria, III. III. Zoara, & Ras-al-mahbés.

H

*H*ADRANTE, I. V. Kottisch.

Hadranum, I. VI. Aderno.

Hadrianopolis, I. VI. Adrianopoli ou Argyrocastro.

Halmyris Taurica, I. IX. Balyklava.

Halone ins. II. I. Aloni.

Halonnesus, I. VII. Dromo.

Hamaxitus, II. I. Messi.

Haræ, II. III. Iareca.

Hassi, I. II. Hez.

Hasta, I. VI. Utri.

Hebromagus, I. ii. Bram.

Helcebus, I. ii. Ell.

Heldua, II. iii. Burg-helle.

Helice portus, I. ii. Étang de Vendres.

Hélice, I. viii. Iktiman.

Helium ostium, I. ii. Embouchure de la
  Meuse.

Helvillum, I. vi. Sigillo.

Heraclea, I. vii. Xenoxua.

Heraclea, I. viii. Heraclitza.

Heraclea, II. i. Erkli.

Heraclea Caccabaria, I. ii. Saint-Tropez.

Heraclea Minoa, I. vi. vestiges près d
  Capo Bianco.

Heracleum, I. vii. Piaggia di Maglia.

Heracleum prom. II. i. Cap Teahtchinal

Herbita, I. vi. Nicosia.

Herculaneum, I. vi. Portici.

Herculem (ad) I. viii. Perekop.

Herculis prom. I. iii. Hartland point.

Herculis Monæci portus, I. vi. Monac

Herculis prom. I. vi. Cap Spartivento

Herculis ins. I. vi. Asinara.

Herculis Templum, I. i. San-Pedro.

Herdonea , I. vi. Ardona.

Hermæa inf. I. vi. la Madalena.

Hermonactis , I. viii. Ak-kerman.

Hermonacum , I. ii. Bermerain.

Herpis , III. iii. Garsis.

Hicesia inf. I. vi. Panaria.

Hiera (*in Lesbo.*) II. i. Jero.

Hiera (*sive Sacra*) *inf.* II. Agio-Strati.

Hiera , *vel Maritima inf.* I. vi. Mare-
timo.

Hiera , *vel Vulcania inf.* I. vi. Vulcano.

Hierabrica , I. i. Alinquer.

Hiera Cæsarea , II. i. Sumeh.

Hieracon , III. i. Pesicon près d'Ekrad.

Hieraeum inf. II. iv. Gezirat-el-Teir ,
ou isle de l'Oiseau.

Hieratis , II. vi. Kiarezin.

Hiero-cepia , II. iii. Gierocibou.

Hierus fl. I. vi. Fiumorbio.

Hipponon , III. i. Sheroné.

Hippos fl. II. ii. Echalis.

Hiftonnum , I. vi. Vasto di Amone.

Horistus fl. II. i. Loufer ou Merapli.

Horrea (*ad*) I. ii. Cannes.

Horrea, III. III. Zamora.
Hortanum, I. VI. Orta.
Hostilia, I. VI. Ostiglia.
Hybla major, I. VI. Paterno.
Hybla vel Megara, I. VI. Penisola della Manghisi.
Hyccara, I. VI. Muro de Carini.
Hyctussa inf. II. I. Agatho-nisi.
Hygris, I. IX. Krivasa.
Hypæa inf. I. II. Isle du Levant.

I

*I*AMBO *inf.* III. I. Baburo.
Iarzetha, III. IV. Jaor sur la rivière de Gambie.
Jasonium, II. VII. Tadjen.
Iastus fl. II. VII. Kizil-daria.
Iatrum (ad) I. VIII. Krivina.
Ibcum, III. I. Taha-el-modaïn.
Ibliodurum, I. II. passage de la rivière d'Iron.
Ibora, II. I. Basireh.
Icarusa fl. II. VIII. Ukrach.

Icauna fl. I. II. Ionne.

Icidmagus, I. II. Iſſinhaux.

Iconii, I. II. entre Die & Gap.

Iſimulum, I. VI. Alagna.

Iſtodurum, I. II. paſſage de la rivière de Vence.

Idacos, I. VIII. Deké.

Idex fl. I. VI. Idicé.

Idomene, I. VII. Idomeni.

Ienyſus, II. III. Kan-Iunés.

Ieſona, I. I. Iſona.

Igilium inf. I. VI. Giglio.

Iguvium, I. VI. Gubio.

Ilipa, I. I. Alcolea.

Illunium, I. I. Villena.

Ilurco, I. I. Ponte di Pinos.

Imma, II. III. Harem.

Immadra, I. II. Iſle de Maire.

Imus Pyrenæus, I. II. Saint-Jean Pied-de-Port.

Inathus, I. VII. Demato.

Incarus, I. II. Carri.

Inſubres, I. II. partie du Forez.

Interamna, I. VI. Teramo.

H iv

Interamna Nartes, I. VI. Terni.

Interamnium, I. I. Ponferrada.

Interamnium, I. VI. entre Coscile &
    Esero.

Intercisa, I. V. Panteli.

Intercisa, I. VI. Furlo.

Interocrea, I. VI. Anterdoco.

Interpromium, I. VI. San-Valentino.

Iomnium, III. III. au Cap Caxine.

Ios inf. I. VII. Skiro-poulo.

Jovis pagus, I. VII. lo Jobi.

Iporci, I. I. Constantina.

Irine inf. I. VII. Coro-nisi.

Isamus fl. & opp. I. VII. Hismo.

Isara, I. II. Pont-l'Evêque sur l'Oise.

Ischalis, I. III. Ivel-chester.

Iseum, III. I. Zaouié.

Isidis oppidum, III. I. Bah-beït.

Isinisca, I. V. Isen.

Istrianorum portus, I. IX. Kokzubi.

Isurium, I. III. Ald-brongh.

Itanus, I. VII. Palio-castro.

Ithagurus mons, II. VIII. Hara-tabanan.

Iuenna, I. V. Lava-münt.

Juliacum, I. II. Juliers.
Juliobriga, I. I. dans le Val de Vieſo.
Juliomagus, I. v. Hohen-Twiel.
Juliopolis, II. III. Kerker.
Juncaria, I. I. Jonquera.
Junonis Argivæ templ. I. VI. Gifoni.
Izanneſopolis, II. III. Naûſa.

L

LABICUM, I. VI. la Colonna.
Labula, I. VI. Torre di Rocca imperiale.
Lacaria, I. VI. Lancora.
Lacci & Lycomedis paludes, III. I. al-
  Bahraïn, ou les deux mers.
Laciacum, I. v. Matt-ſée.
Lactodurum, I. III. Stony-Stretford.
Lacus Beberaci, II. III. lac Katounieh.
Lacus Felicis, I. v. Pilis.
Lacus Regius, III. III. lac Salé.
Lagentium, I. III. Caſtford.
Lagyra, I. VIII. Ialta.
Laminium, I. I. Alhambra.
Lampra, I. VII. Lambra.

Langobriga, I. I. a Feira.
Lapidei campi, I. II. la Crau.
Larga, I. II. Largitzen.
Lariſſa, II. I. Larufar.
Larymna, I. VIII. Larym.
Latara, I. II. Lates.
Lavatræ, I. III. Bowes.
Lavifco, I. II. Laiſſe.
Laurentum, I. VI. Torre di Paterno.
Lebenus portus, I. VII. Paleo-molo.
Lebinthus inf. I. VII. Levita.
Lebonah, II. III. Leban.
Lechæum, I. VII. Palagio.
Lectoce (*ad*) I. II. Lez.
Lederata, I. VIII. Vi-palanka.
Ledus fl. I. II. Lez.
Lemincum, I. II. Lémens.
Leon prom. I. VII. Capo Lionda.
Lepfia inf. II. I. Lipſo.
Lerina inf. I. II. Lérin.
Lero inf. I. II. Sainte Marguerite.
Lefora mons, I. II. Lauſér.
Lefura fl. I. II. Leſer.
Lethæus fl. I. VII. Malogniti.

Letoa inf. I. VII. Gaidurogniſſa.

Levaci, I. II. ſur la Liéve.

Leuca, I. VI. Santa-Maria di Leuca.

Leucarum, I. III. Logher.

Leucata, I. II. Leucate.

Leucata prom. I. VII. Capo Ducato.

Leuceris, I. VI. Loveré.

Leuci montes, I. VII. Monti Leuci.

Leucolla, II. III. Lucola.

Leuco-petra, I. VI. Capo Pittaro.

Leuctra, I. VII. Livadoſtro.

Leucymna prom. I. VII. Ponta d'Alef-
  chimo.

Leuſaba, I. V. Jaicza.

Libarna, I. VI. Caſtel Arqua.

Libero, I. VI. Viveroné.

Licades inſulæ, I. VII. Litada.

Limnæa, I. VII. Vonizza.

Limonia, II. III. Limna.

Liquentia fl. I. VI. Livenza.

Liſta, I. VI. Monte de Liſta.

Litabrum, I. I. Buitrago.

Litamum, I. V. Lutach.

Litanobriga, I. II. Creil, ſi ce n'eſt pas

H vj

Pont Sainte - Maxence.

Liternum, I. vi. Patria.

Locanus fl. vi. Lorano.

Locra fl. I. vi. Talavo.

Lumberi, I. i. Lumbier.

Loncium, I. v. Liencz.

Londobris inf. I. i. Berlinga.

Lopadufa inf. III. iii. Lampedufa.

Lopofagium, I. ii. Luciol.

Lorium, I. vi. Caftel-Guido.

Lofa, I. ii. Leche.

Letum, I. ii. Caudebec.

Lucus Augufti, I. ii. Luc.

Lucus Bormani, I. vi. Diano.

Lucus Feroniæ, I. vi. Petra-Santa.

Lucus Minervæ, I. vi. Minorvino.

Lugio, I. v. Ugin.

Lunarium prom. I. i. Peniché.

Lupodunum, I. iv. Ladenburg.

Luffunium (Illyr.) I. v. Colaffin.

Luffunium (Pann.) I. v. Foldwar.

Luxovium, I. ii. Luxeu.

Lybum, II. iii. Lubon.

Lycus fl. I. viii. Berda.

Lydias, II. III. Leja.
Lyrnatia, II. I. Ernatia.

M

MACARIA, II. III. vestiges.
Macella, I. VI. Calta-Busamar.
Machærus, II. III. Masera.
Macolicum, I. III. Kil-Malloc.
Macri, III. III. Mugra.
Madviacis, I. III. Maidstone,
Mædiam (*ad*) I. VIII. Meadia.
Magia, I. V. Maïen-feld.
Magiovinnum, I. III. Dunstable.
Magnis, I. III. Old-Radnor.
Magrada fl. I. II. Bidassoa.
Malana, II. VI. Malan.
Malanga, II. IX. Kandegheri.
Malao, III. II. Barbora.
Malea prom. II. I. Cap Sainte-Marie.
Malthace inf. I. VII. Samatraki.
Mancunium, I. III. Manchester.
Mandubii, I. II. territoire d'Alife.
Manduessedum, I. III. Mancester.

Manduria, I. vi. près de Casal-nuevo

Manliana, I. vi. Felonica.

Manliana, I. vi. Monte Pulciano, ou
aux environs.

Mantala, I. ii. Montailleu.

Mantinium, II. i. Menkin.

Marcelliana, I. vi. Magliano.

Marci, I. ii. Marck.

Marcina, I. vi. Scala.

Marcodurum, I. ii. Durem.

Marcomagus, I. ii. Marmagen.

Marea, III. i. Mariou.

Margidunum, I. iii. Bever-castle.

Marianum opp. & prem I. vi. Bonifacio

Marium, II. iii. Mariou.

Marrubium, I. vi. San-Benedetto.

Marta fl. I. vi. Marta.

Martialis, I. ii. Volvic.

Martis (*ad*) I. vi. Oulx.

Masætica, II. viii. Kanushler.

Massalia fl. I. vii. Megalo-potamo.

Massava, I. ii. Mesve.

Massa Veternensis, I. vi. Massa.

Massicus mons, I. vi. Monte Massico

Masſiacum, I. v. Mieſpach.

Maſtuſia prom. I. viii. Capo Greco.

Mateola, I. vi. Motola.

Matilica, I. vi. Matelica.

Matinum, I. vi. Matino.

Matreium, I. v. Matrei.

Matrice, I. v. Baſſicz.

Matrinum, I. vi. Monte Silvano.

Matuſaro, I. i. Ponte do Sor.

Medera, II. iii. Marra.

Mediolanum (*in Bitur.*) I. ii. Château Meillan.

Mediolanum (*in Menap.*) I. ii. Moy-lant.

Mediolanum (*in Seguſ.*) II. ii. Meys.

Mediolanum, I. iii. Mey-wood.

Medma, I. vi. ſur le fl. Meſuna.

Medoacus major fl. I. vi. Brenta.

Medocus minor, I. vi. Bachiglione.

Medulli, I. ii. dans la Morienne.

Meduantum, I. ii. Moyen.

Megala inſ. II. i. Antigona.

Mela fl. I. vi. Mela.

Melana prom. (*Chii*) II. i. San-Nicolo.

Melantias, I. VIII. Ponte-grande.

Meldi, I. II. Meld-felt.

Melitæa, I. VII. Melitia.

Mellaria, I. I. Fuente-ovejuna.

Mellosedum, I. II. Mizouin.

Melphes fl. I. VI. Melfé.

Membro, III. III. Merz-el-Wed.

Memini, I. II. aux environs de Forcal-
    quier.

Mentesa Bastitana, I. I. San - Thomé
    près de Cazorla.

Mentesa Oretana, I. I. Benataez près de
    Segura.

Merula fl. I. VI. Aroscia.

Mese inf. I. II. Porteroz.

Mesua, I. II. Mese.

Metalla, I. VI. Villa de Iglesias.

Metallum, I. VII. Matala.

Metapina inf. & Metapenum ostium, I. II.
    Tanpan.

Metaurus fl. I. VI. Metauro.

Metana, I. VII. Methone.

Methymna (*Cretæ*) I. VII. Temeni.

Mevania, I. VI. Bevagna.

Mevaniola, I. VI. Galeata.

Midea, I. VII. Palamida.

Miletus (*Cretæ*) VII. Milo-potamo.

Minariacum, I. II. Esterre.

Minaticum, I. II. Nizi-le-Comte.

Minervæ prom. I. VI. Capo della Miner-væ, o Campanello.

Minervium (*Gall. Cisalp.*) I. VI. Menerbio.

Minnodunum, I. II. Moudon.

Minoa (*Cretæ*) I. VII. Spina-longa.

Minoa (*Lacon.*) I. VII. Napoli de Malvasie.

Mirobriga (*Bæt.*) I. I. Capilla.

Mirobriga (*Lusit.*) I. I. Odemira.

Misenum prom. I. VI. Capo Miseno.

Missua, III. III. Sidi-Doud.

Misus fl. I. VI. Musoné.

Mithridatium, II. I. Husein-abad.

Mnyzus, II. I. Aiash.

Momemphis, III. I. Menuf.

Momoassus, II. I. Mamut-Kan.

Mondus fl. I. VI. Pollina.

Monavia, II. Wexford.

Monest, l. 11. Monein.

Monilia, l. vi. Rapallo.

Mons Brisiacus, l. 11. Brisac, autrefois sur la rive gauche du Rhin.

Mons Seleucus, l. 11. la Bâtie - Mont-Saleon.

Mons Silicis, l. vi. Moncelesé.

Morbium, l. 111. Moresby.

Morginnum, l. 11. Moiran.

Moricambe Æstuar, l. 111. Can riv.

Mosa, l. 11. Meuvî.

Mossates, l. v. val Maggia.

Motya, l. vi. il Burrone dans l'isle de Saint-Pantaleon.

Motyca, l. vi. Modica.

Municipium, l. viii. Kulla.

Muranum, l. vi. Morano.

Murgentium, l. vi. Ergetio.

Murium, l. v. Muerhau.

Mursella, l. v. Marczal.

Mursella (ou *Mursa minor*, près de *Mursa.*) l. v. Darda.

Murus, l. v. Maira.

Murus Cæsaris, l. v. entre Genève &

Chuse, sur la rive gauche du Rhône.

Muson, III. I. Shek-Fadlé.

Mutila, I. VI. Medolino.

Mutilum, I. VI. Modigliana.

Mychus porous & Bulis, I. VII. Heracé.

Myonnesus, II. I. Ialanghi liman.

Myrina, II. I. Sanderlic.

Myriophyton, I. VIII. Myriofyto.

Myrmecium, I. IX. Ieni-Kalé.

Mytistratum, I. VI. Mistretta.

N

NABIUS vel Navilubius fl. I. I. R. de
Navia ou Rio Eu.

Nadubendagar, II. IX. Batnir ou Bando.

Naharra, II. II. Siai-Barema.

Naim, II. III. Naïm.

Nares, I. VI. Selva Nera.

Nasium, I. II. Nas ou Nais.

Natiolum, I. VI. Giovenazzo.

Natiso fl. I. VI. Natisoné.

Naustathmus, I. VI. Porto Lognina.

Naustathmus, III. I. Bondaria.

Naxus, I. vi. Castel-Schiſſo.

Neætho, I. vi. Rocca di Noto.

Neapolis, II. i. Napli.

Nee, II. i. Nioi.

Nehalennia dea, I. ii. Weſt-Capel en Walkeren.

Nelcynda, II. ix. dans le Sunda.

Nemaloni, I. ii. Meolans.

Nemeſa fl. I. ii. Nyms.

Nemetobriga, I. i. Neboa.

Nepet, I. vi. Nepi.

Nepite, I. vi. Pizzo.

Neronia, I. vi. Codigoro.

Nertobriga (*Tarrac.*) I. i. Ricla.

Nertobriga (*Bæt.*) I. i. Frexenal.

Nerulum, I. vi. Caſtelluccio.

Neruſi, I. ii. territoire de Vence.

Neſactum, I. vi. Vranakſa.

Neſus, I. vii. Aſſo.

Nicæ, I. viii. Apſa, ou un lieu voiſin.

Nicæa (*Maced.*) I. vii. Nikia.

Nicæa (*Locrid.*) I. vii. Niſſa.

Nicaſia inſ. I. vii. Racha.

Nicia fl. I. vi. Lenza.

Nicopolis ad Hæmum , I. VII. Ternobo.

Nidum , I. III. Neath.

Nilopolis , III. I. Meidon.

Nioi , II. VII. Neubendam.

Nitri fodinæ duæ , II. I. Nedebé & Sedé.

Noæ , I. VI. Noara.

Næomagus , I. II. Vez.

Nomentum , I. VI. Lamentana.

Norba (*Latii*) I. VI. veſtiges près de
   Norma.

Norba (*Apul.*) I. VI. Caſtellano.

Norcia , I. V. Saint-Leonhard.

Novana , I. VI. Monte Novano.

Novas (*ad*) I. VI. Caſtel-novo.

Novimagus , I. II. Neuchâteau.

Noviodunum , I. II. Nevers.

Noviodunum (*in Bitur.*) I. II. Nouan.

Noviomagus (*in Batav.*) I. II. Nimegue.

Noviomagus (*in Trever.*) I. II. Numagen.

Noviomagus (*in Rem.*) I. II. Neuville.

Noviomagus (*in Verom.*) I. II. Noyon.

Noviomagus (*in Bitur. Viv.*) I. II. Caſ-
   telnau de Medoc.

Novioregum , I. II. Royan.

Nuceria, I. vi. Luzara.

Numana, I. vi. Humana.

Nymphæum, I. vii. Cap Palo.

Nymphæum, I. ix. Calati.

Nymphæum prom. I. vii. Cap Nymphe.

Nymphæus portus, I. vi. Porto Conti.

Nysæa, I. vii. Dodeca ecclesia.

O

OBEIDIA, II. iii. Obeidia.

Obringa fl. I. ii. Ahr.

Ocellum Durii, I. i. Fermosello.

Ocellum prom. I. iii. Kel-ness, & Spiern-
head.

Ocinarus fl. I. vi. Riv. de Sainte-Eufe-
mie.

Ocriculum, I. vi. Otricoli.

Octapitarum prom. I. iii. S. Davids head.

Octodurus, I. ii. Martigni.

Octogesa, I. i. Mequinença.

Odessus, I. ix. Plage de Bérezen.

Œanthe, I. vii. Pentagi.

Œaso, I. i. Irun.

Œnussæ insulæ, II. 1. Spalmadori.

Œsma, I. VII. vieille Cavale.

Œtylos, I. VII. Betylo.

Oglasa inf. I. VI. Monte Christo.

Olabus, II. III. Zawieh.

Olbia, I. II. l'Eoube.

Olenacum, I. III. Elen-borough.

Olicana, I. III. Ilkley.

Olino, I. II. Holé.

Oliva, III. III. Kuko.

Olivula portus, I. II. port de Villefran-
che.

Olpæ, I. VII. Forte-Castri.

Olûs, I. VII. Leopetra.

Ombro fl. I. VI. Ambra.

Onchesmus, I. VII. Agioi-saranta.

Oneii montes, I. VII. Paleo-vouni.

Onignatos (mâchoire d'âne.) I. VII. Isle
de Cervi.

Onobula fl. I. VI. Cantara.

Onobusates, I. II. Nebousan.

Ophis fl. II. 1. Ouf.

Ophiusa inf. II. 1. Afzia.

Ophrynium, II. 1. Renn-keui.

Opinum, I. VI. Oppido.

Opisus, I. VIII. Iopsus.

Opone, III. II. Bandel-Caus.

Oppidum novum, I. II. Naye.

Orgus fl. I. VI. Orco.

Origiacum, I. II. Orchie.

Orminius mons, II. I. Tcheleh-dag.

Ornythón polis (ville des Oiseaux) II.
II. Elurbi.

Orobis fl. I. II. Orb.

Orolaunum, I. II. Arlon.

Oromarsaci, I. II. Terre de Mark.

Oropus, I. VII. Oropo.

Orthosias, II. I. Ortaki.

Orthura, II. IX. Tiru-shira-pali.

Ortona, I. VI. Ortona.

Osæa, I. VI. Torre d'Osa près d'Ori-
stagni.

Oscineium, I. II. Esquiés.

Osones, I. V. Vason.

Osquidates, I. II. vallée d'Ossau.

Ostra, I. VI. Corinaldo.

Othonos vel Calypsus insidæ, I. VII. Fam
& Merlera.

Ottorocorra

Ottorocorra, II. VIII. Sori.

Oxinia fl. II. I. Eukſineh.

Oxybii, I. I. entre Fréjus & Antibes.

P

*P*ACTYÆ, I. VIII. Saint-George.

Padinum, I. VI. Bondeno.

Pœmani, I. II. Famine.

Pagræ portus, II. VIII. Koddos-limen.

Palæ-Paphos, II. III. Coclia.

Palatium, I. II. Pfaltz.

Palenus mons, I. VI. Monte Maiella.
   Templ. Jovis Paleni, Pallena.

Palica, I. VI. Occhiola.

Palinurum prom. I. VI. Capo Palinuro.

Paliurus fl. III. I. Nahil.

Palla, I. VI. Capo Pertuſato.

Palle, I. VII. Lixuri.

Pallia fl. I. VI. Paglia.

Pandataria inf. I. VI. Vento-tiené.

Pannonius mons, I. V. Bacon.

Panormus (*Epiri*) I. VII. Panormo.

Panormus (*Atticæ*) I. VII. Porto Raphti.

   Tome III.   I

Panormus (*Achaiæ*) I. VII. Pteloïas-
limen.

Panormus (*Cretæ*) I. VII. Porto Tigani,
ou Aspro-limionés.

Panormus, II. I. Panormo.

Pantomatrium, I. VII. Porpatumeno.

Panysus fl. I. VIII. Daphné-soui.

Papera, II. IX. Sotopapara.

Papulum, I. VI. Papilonis.

Parentium, I. VI. Parenzo.

Parnes mons, I. VII. Casha.

Parolissus, I. VIII. Leés.

Paropus, I. VI. Collisano.

Parthanum, I. V. Parten-kirk.

Parthenium prom. I. IX. Eski Fouroun.

Parthenium, I. IX. Casan-dip.

Parthinicum, I. VI. Partinico.

Parthus, I. VII. Petrella.

Parueti montes, II. IX. montagnes de
Pervians.

Parvum littus, III. II. Bandel-velho,
ou le vieux Port.

Pasira, II. VI. Paskin.

Passala, II. IX. Persilis.

Paſſaro, I. VII. Rogun.
Paſtona, II. II. Paſtek.
Pataviſſa, I. VIII. Tovis.
Paternum, I. VI. Cariati vecchio.
Paula, I. VI. Porto Pollo.
Paulon fl. I. II. Paglion.
Pauſulæ, I. VI. Monte dell' Olmo.
Paxus inſulæ, I. VII. Paxo & Anti-
    Paxo.
Paxus fl. I. VIII. Gaſi.
Pedalium promont. II. III. Capo de la
    Griega.
Pelſo lacus, I. V. Neuſidler-ſée.
Peltuinum, I. VI. Civita Aquana.
Penni lucus, I. II. Penne.
Pennocrucium, I. III. Pénkridge.
Pentelicus mons, I. VII. Pentéli.
Peparethus inſ. I. VII. Pelagniſi & Piperi.
Percote, II. I. Bergaſe.
Pergantium, I. II. Brégançon.
Perguſa lacus, I. VI. Lago di Fondiro.
Peripolium, I. VI. Amendolaia.
Perniciacum, I. II. Prenchon.
Pertuſa, I. I. Pertuſa.

I ij

Pesta, III. 1. Kuffeir.

Petaliæ insulæ, I. VII. Cavaléri.

Petinesca, I. II. Bienne.

Petra, II. II. Copolet.

Petra sanguinis, I. VI. la Dirupta.

Petras portus, III. 1. Tabarca ou Tra-
     buco.

Petrina, I. VI. San-Giovanne.

Petromantalum, I. II. Magni.

Petronii vicus, I. II. Pertuis.

Petuaria, I. III. Brough au paffage de
     l'Humbe.

Phagroriopolis, III. 1. Vacaria.

Phalacrine, I. VI. Val Falactina.

Phalacrum prom. I. VI. Raficulmo.

Phalacrum prom. I. VII. Cap Fidari.

Phalafarna, I. VII. Sfinari.

Phalafia prom. I. VII. Cap Phalafia.

Phanæ portus & prom. II. 1. Maftico.

Pharmaeufa inf. II. 1. Fermaco.

Phafaelis, II. III. Phafelon.

Pheræ, I. VII. Pherés.

Philofophiana, I. VI. près de Piazza.

Phintia, I. VI. Alicata.

Phison, II. 11. Feisoun.

Phlius (*Argol.*) I. vii. Drepano.

Phœnice, I. vii. Sopoto.

Phœnicodes inf. I. vi. Felicudi.

Phœnicus portus, I. vi. Fondo di Mosche.

Phœnix portus, I. vii. Sfacchia.

Phœnix, II. 1. Port Cavalier.

Phreata, II. 1. Kara-bignar.

Phrurium prom. II. iii. Capo Bianco.

Piguentum, I. vi. Pisin.

Pineum, I. viii. Gradisca.

Pineus fl. I. viii. Pek.

Pirum (*ad*) I. vi. Pir-baumer Wald.

Pirus tortus, I. v. Perschling.

Pisavæ, I. ii. Pelissane.

Pisaurus fl. I. vi. Foglia.

Piscenæ, I. ii. Pesenas.

Pisida, II. viii. Oramtchi.

Pitinum, I. vi. Torre di Pitino.

Pityeia, II. 1. Actiés.

Pityndra, II. ix. Sher-Bider.

Pityonnesus, I. vii. Angistri.

Pitys fl. II. 11. Copou.

I iij

Pityufa inf. I. VII. Ifle du port Tolon

Pityufa inf. II. I. Prinkipos.

Planafia inf. I. VI. Pianofa.

Platææ, I. VII. Cocla.

Platanus, II. III. Blatanous.

Plumbaria inf. I. VI. Sant-Antioco.

Pocrinium, I. II. Perrigni.

Polaticum prom. I. VI. Ponta Promon‑
   torio.

Pollupice, I. VI. Bozzolo près de Final

Pompeii, I. VI. Torre dell' Annunciat

Pomponiana, I. II. Giens.

Pons Ærarius, I. II. Bellegarde.

Pons Argenteus, I. II. fur l'Argents.

Pons Augufti, I. VIII. paffage de la ri
   de Biftra, près de la Porte de Fer.

Pons Aureoli, I. VI. Pontiruolo.

Pons Drufi, I. V. Bolzano.

Pons Dubis, I. II. Pontoux.

Pons Ifes, I. V. Kerelspach au paffag
   de l'Ips.

Pons Liquentiæ, I. VI. Motta fur Levenz

Pons Mofæ, I. II. Maftrict.

Pons Saravi, I. II. Sarbourg.

Pons Scaldis, I. 11. Escaut-pont.

Pontamus, II. 1. Tuzla.

Pontes, I. 1. Ponte-vedra.

Pontes, I. 11. Ponches.

Pontes longi, I. 1 v. sur le marais de Bourtang.

Ponte Secies, I. vi. la Secchia.

Pontes Teffenii, I. v. Dieffeu.

Porcifera fl. I. vi. Pocevra.

Poretus fl. I. ix. Mius.

Porfuli, I. viii. Pergamar.

Porthmus, I. vii. Porto Bufalo.

Porticenfes, I. vi. Porto Cavallo.

Portus, I. vi. Empoli.

Portus Abucini, I. 11. Port sur Saône.

Portus Adurni, I. iii. Adur riv. & Port-Stade.

Portus Æpatiaci, I. 11. près de Blankenberg.

Portus ad Cetaria, I. vi. Lac d'Orbitelle.

Portus Delfini, I. vi. Porto Fino.

Portus Gaditanus, I. 1. Puerto-real.

Portus Garnæ, I. 1. Torre di Varano.

Portus Hannibalis, I. 1. Portimaô.

Portus Herculis (*Bruttii*) I. VI. For[…]
cole.

Portus Herculis (*Sard.*) I. VI. Malf[…]

Portus Magnus, I. III. Port-chester,
fond de Portsmouth.

Portus Mauritii, I. VI. Porto Maurit[…]

Portus Longus, I. VI. Porto Longon[…]

Portus Orestis, I. VI. Porto Ravagos[…]

Portus Veneris, I. II. Port-Vendres.

Portus Victoriæ, I. I. Sant-Ander.

Posidium prom. I. VI. Capo dell' Isola[…]

Posidium (*in Propont.*) II. I. Bouz-bo[…]
run.

Posidium (*Milesior.*) *prom.* II. I. Cap de
l'Arbre.

Posidium, II. III. Possidi.

Potentia, I. VI. Porto di Recanati.

Præsidium, I. I. Castro Leboreiro.

Præsidium, I. VI. Torraccia.

Præsidium Pompeii, I. VIII. Alexintza.

Præsidium (*in Tripol.*) III. III. Cal[…]
Ferrata.

Præsidium (*in Afr.*) III. III. Tour de[…]
Romains.

Prætorium Agrippinæ, I. 11. Roomburg.
Prætorium (*in Aquit.*) I. 11. Mont de
    Jouer.
Prætorium, I. 111. Patrington.
Prætorium Latovicorum, I. v. Thurn.
Prætorium (*in Savia*) I. v. Kraljova
    velika.
Prætorium (*in Dalmat.*) I. v. Traü vec-
    chio.
Prætorium (*in Dac.*) I. viii. Ruska.
Prætorium (*Dac. ad Alut.*) I. viii.
    Isola.
Prasos, I. vii. Prassus.
Prilis lacus, I. vi. Lago di Castiglione.
Prion fl. II. iv. Prim.
Privernum, I. vi. Piperno vecchio.
Prochyta inf. I. vi. Procita.
Prolaqueum, I. vi. Pioraco.
Promontorium Album, II. 111. Cap Blanc.
Pronea fl. I. 11. Prum.
Pronectus, II. 1. Karamusal.
Prote inf. I. 11. Porqueroles.
Prote inf. (*ad Messen.*) I. vii. Prodano.
Prote inf. (*ad Ithac.*) I. vii. Iotaco.

I v

Pſacum prom. I. vii. Cap Buſa.

Pſamathus , I. vii. Pſamathia ou Porte Quaglié.

Pſatis , II. viii. Biſſuga.

Pſyra , II. i. Ipſera.

Ptolemais , III. i. Illahun.

Publicanos (*ad*) I. ii. Hôpital de Conflans.

Pucinum , I. vi. Duino.

Pulchrum prom. III. iii. Ras Afran.

Punicum , I. vi. Santa - Marinella.

Puteal , I. i. Fontaine d'où ſortent des barbeaux.

Pyrenæum prom. I. i. Cap de Creus.

Pyrgos , I. vi. Torre di Santa-Severa.

Pyrina , I. vi. Vicari.

Pyrrha , II. i. Palatſia.

Pyxus prom. I. vi. Capo Lanfreſco.

Q

QUADRATÆ , I. vi. Verrue.

Quadratum , I. v. Kereſtinetz.

Quætus ſt. I. vi. Quieto.

Quariates, I. 11. Queiras.
Quartenſis locus, I. 11. Quarte.
Quintiana, I. v. Quintzen.
Q. verſu dic. n. e. Quod verſu dicere
non eſt *Horace.*

R

RAGONDO, I. v. Dran fluſſ.
Rama, I. 11. Rama.
Rapida caſtra, III. 111. Coleah.
Rarapia, I. 1. Ferrera.
Ratæ, I. 111. Leiceſter.
Raunathi, II. 1v. Rouiné.
Rauranum, I. 11. Rom.
Refugium Apollinis, I. v1. Porto Lon-
gobardo.
Refugium Gelæ, I. v1. Terra nova.
Regia altera, I. 111. Limerick.
Regia, II. 111. Sejour.
Regina, I. 1. Reyua près de Llerena.
Reginea, I. 11. Erquies.
Regium, I. v111. Ponte piccolo.
Regnum, I. 111. Ring-wood.
Regulbium, I. 111. Reculver.

Rerigonium, I. III. Stranraver.
Rhabana, II. IX. Aihen.
Rhæteum, II. I. vestiges.
Rhamnus, I. VII. Tauro-castro.
Rhandamacotta, II. IX. Porselouc.
Rhatacensii, I. VIII. Radauz.
Rhebas fl. II. I. Riva.
Rhetico mons, I. IV. Rothaur.
Rhium prom. I. VI. Sanguinara.
Rhode, I. I. Roses.
Rhodius fl. II. I. riv. des Dardanelles.
Rhombites magnus, II. VIII. Ieissé.
Rhotanus fl. I. VI. Tavignano.
Ricciacum, I. II. Remick.
Ricina, I. VI. ruiné di Ricina.
Rigodulum, I. II. Reol.
Rigomagus, I. II. Rimagen.
Rigomagus, I. VI. Rinco.
Riobe, I. II. Orbi.
Ritumagus, I. II. Radepont.
Roboretum, I. I. Rebordaes.
Robrica, I. I. Ponts de Longué.
Robur, I. II. Burg dans la ville de Basle.
Rodium, I. II. Roie-église.

Rogonis, II. VI. Bender Regh.
Romanorum ager. II. III. Rumeil.
Romatinus fl. I. VI. Limene.
Romula, I. V. Land-ſtraſſ.
Romula, I. VI. Biſaccio.
Roſcia navale, I. VI. Torre di Roſſano.
Roſologiacum, II. I. Djashenkir.
Rubi, I. VI. Ruvo.
Rubreſus lacus, I. II. Etang de Sigean.
Ruſiana, I. II. Rufach.
Ruſræ, I. VI. la coſta Rufaria à Pre-
    ſenzano.
Ruſrium, I. VI. Ruvo.
Ruſgunia, III. III. Ras-el-Amush.
Ruſipiſir, III. III. au Cap Matifou.
Ruſticiana, I. I. la Corchuela.
Rutuba fl. I. VI. Roja.
Rutunium, I. III. Rowton.

S

SABANIS, II. I. Seabancori.
Sabate, I. VI. veſtiges près de Brac-
    ciano.

Sabatus fl. I. VI. Sabato.

Sabi, III. III. el Mesilah.

Sabium, I. VI. Sabio.

Sablones, I. II. int-Sand.

Sabus, II. I. Sepouh.

Sacer portus, II. VIII. Ghelendgik-limen.

Sæpinum, I. VI. Supino.

Salabria, II. I. Abriz.

Salamis nova, I. VII. Coluri.

Salaria, I. I. Chinchilla.

Salathi, III. IV. Tegaza, où sont des mines de Sel.

Saldensii, I. VIII. district de Tergozyl.

Salebro, I. VI. Buriano.

Salicenæ, I. V. Sale-var.

Salinæ, I. V. Sale.

Salinæ, I. II. Seillans.

Salioclita, I. II. Saclas.

Salisso, I. II. Sultzbach.

Salle, I. V. Salom-var.

Salmone fl. I. II. Salme.

Salomacum, I. II. Sales.

Salsulæ, I. II. Salses.

Salsum flumen, II. VI. Div-rud.

Saltici, I. I. mina de Sal.

Salvia, I. VI. Urbi-saglia.

Salvia, I. V. Hliuno.

Samara fl. I. II. la Somme.

Samicum, I. VII. Neo-castro.

Sambracitanus sinus, I. II. Golfe de Gri-
maud.

Samidaces fl. II. VI. Kurkés.

Sanctio, I. x. Sekingen.

Sanda, I. I. Santona.

Sanitium, I. II. Senez.

Santonum portus, I. II. le Seudre.

Sapaudia, I. II. d'où vient le nom de
Savoie.

Sapha, II. II. Safa.

Sapinia tribus, I. VI. Sciapiona.

Sapis fl. I. VI. Savio.

Sarmatæ, I. II. Hundsruk.

Sarnus fl. I. VI. Sarno.

Sarraca, I. V. Sarca.

Sarrum, I. II. Charmans.

Sarsina, I. VI. Sarsina.

Sartali, I. II. Sarrant.

Sasina portus, I. vi. Porto Sesaré.

Saso inf. I. vii. Saseno.

Saturnia, I. vi. Saturnia.

Savincates, I. ii. Savines.

Savo, I. vi. Savone.

Savo fl. I. vi. Saône.

Scandile inf. I. vii. Scangero.

Scarabantia, I. v. Edenburg.

Scarbia, I. v. Scharnitz.

Scarcapos, I. vi. Sarabus.

Scenæ Mandrarum, III. 1. Holwan.

Scenæ Veteranorum, III. 1. la Hank.

Schinussa inf. I. vii. Skinosa.

Scingomagus, I. vi. Chamlar de Siguin.

Scione, I. vii. nouvelle Cassandre.

Scipionis monumentum, I. 1. Sépulcro de Scipion.

Scodrus mons, I. v. Monte Sardonico.

Scombraria prom. I. 1. Cap de Palos, ou bien Escombrera plus près de Carthagène.

Scopelus, II. 1. Koutali.

Scrupuli, I. viii. Poretz.

Scydrus, I. vi. Citraro.

Scylace, II. 1. Siki.

Scylla, I. vi. Sciglio.

Scyronides petræ, I. vii. Kacifcala.

Sebatum, I. v. Sabs.

Secoani, II. iii. Sihoun.

Secor portus, I. ii. les Sables d'Olonne.

Segeffera, I. ii. Bar fur Aube.

Segefte, I. vi. Seftri di Levante.

Segni, I. ii. Sinei ou Signei.

Segobodium, I. ii. Seveux.

Segontia, I. i. Epila.

Segontium, I. iii. Carnarvan.

Segora, I. ii. Breffuire.

Segofa, I. ii. Efcouffé.

Seguftero, I. ii. Sifteron.

Selæ, III. 1. Salehieh.

Selinus portus, III. 1. Salona.

Semiramidis mons, I. vi. M. Elburz.

Semnum, I. vi. Latronico.

Sena fl. I. vi. Cefano.

Senan, II. iii. Afnoun.

Sentinum, I. vi. Saffo – Ferrato fur le
    Sentino.

Sepias prom. I. vii. Cap de Saint-George.

Sepomana, I. vi. Umago.

Septem Aræ, I. i. Arronchés.

Seræ, I. vii. Serés.

Serapeum, III. i. Dar-el-Soldan.

Sermanicomagus, I. ii. Chermez.

Sermusa, II. i. Sounisa.

Serota, I. v. Ziget.

Serpa, I. i. Serpa.

Serviodunum, I. v. Straubing.

Servitium, I. v. Gradiska.

Sestinum, I. vi. Sestino.

Seteia Æstuarium, I. iii. Dée River.

Setia, I. vi. Sezza.

Setius mons, I. ii. Cette.

Setuci, I. ii. Cayeux.

Sextantio, I. ii. Soustantion près de Montpellier.

Siata insf. I. ii. Houat.

Sibutzates, I. ii. Sobusse.

Sibyllates, I. ii. Soule.

Sicum, I. v. Castel-vecchio.

Sidolocum, I. ii. Saulieu.

Sidrona, I. v. Belograd.

Sigeum prom. & opp. II. i. Cap Ieni-hisari.

Sigisa, I. 1. Ziezar.

Sigmanus fl. I. 11. Leyre, qui se rend dans le bassin d'Arcachon.

Signia, I. vi. Segni.

Sigodunum, I. iv. Sigen.

Siguen, III. 11. Dekin.

Sigus fl. I. iv. Sieg.

Silandos, II. 1. Selenti.

Silarus fl. (*Gall. Cisalp.*) I. vi. Selero.

Silici, II. v. Silek.

Silis fl. I. vi. Silé.

Silvium (*Apul.*) I. vi. il Gorgolioné.

Silvium, I. vi. Ca di Selva.

Simylla, II. 1x. Semnar ou Saumnat.

Sinda, II. ix. Sini.

Sindicorum regia, II. viii. Soundgik.

Sindo - canda, II. ix. Cotta près de Colombo.

Singa, II. iii. Sinsja.

Singamis fl. II. 11. Heti-scari.

Singus, I. vii. Porto Figuero.

Sinus fl. vi. Senio.

Sinuessa, I. vi. Torre di Monte-Dragone.

Sinus ad Gradus, I. 11. qui reçoit les Graus du Rhône.

Siphris, II. 111. Der Saferañ.

Sipia, I. 11. Vi-seche.

Sipibèris, II. 1x. Pipri.

Sirenufæ insulæ. I. v1. Galina & Galli.

Sirio, I. 11. Pont de Ciron.

Siris fl. I. v1. Semno.

Siris vel Semnum, I. v1. Torre di Senna.

Sirmio, I. v1. Sermioné.

Sitacos fl. II. v1. Sita-reghian.

Sitillia, I. 11. Tiel.

Sitomagus, I. 111. Tet-ford.

Soana, I. v1. Soana.

Soana, II. 111. Sidonaia.

Solana, II. v111. Olañ.

Solimariaca, I. 11. Soûloffe.

Soloentum, I. v1. Solanto.

Solua, I. v. Strigonie.

Sopiana, I. v. Szopia.

Sora, I. v1. Sora.

Sora, II. 1. Serret.

Soracte mons, I. v1. M. Saint-Orefte.

Sordicen flagnum, I. 11. Etang de Leucate.

Straviana, I. v. Oraovitza.

Strido, I. v. Strigo.

Strongyle inf. I. vi. Strongoli.

Strutunthum prom. I. vii. Cap Portaqua.

Stryma, I. viii. Stryma.

Stura fl. I. vi. Stura.

Sturni, I. vi. Ostuni.

Styra, I. vii. Asturi.

Suasa, I. vi. Castel-leone.

Sublaqueum, I. vi. Subiaco.

Submontorium, I. v. Schroben-hausen.

Subritum, I. vii. Slurito.

Sub-sablone, I. v. Clausan.

Suburbanum Gregoræ, II. ii. Surb-Gri-
    gor.

Sucro, I. i. Culléra.

Suemus fl. I. viii. Usum.

Suessula, I. vi. Sessola.

Suetri, I. ii. aux environs de Seillans.

Sueta, II. iii. Tsüet.

Sulcis, I. vi. Ogliastro.

Sulgas fl. I. ii. Sorgue.

Sulis, I. ii. Seuel.

Sullectis, III. iii. Solecto.

Sulmo (*Latii*) I. vi. Sermonetta.

Summus lacus , I. v. Samolico.

Summus Pyrenæus , I. ii. le plus oriental,
Bellegarde.

Summus Pyrenæus , I. ii. dans l'intervalle des deux autres , Port de Ber-
nere.

Summus Pyrenæus , I. ii. le plus occidental , Port d'Ibagnere dans le Val
Carlos.

Superequum , I. vi. Subrequo.

Sura fl. I. ii. Sour.

Sura , II. ii. Sourami.

Sarcatha , II. iii. Sarcad.

Surrentum , I. vi. Sorrento.

Sutrium , I. vi. Sutri.

Sybaris fl. Coscile ou Sibari.

Sylla , I. vi. Squilli.

Symbolorum portus , I. ix. Port de Kos-
levé.

Syme inf. II. i. Symi.

Syracusanus portus , I. vi. Golfe de Santa-
Manza.

Syrasella , I. viii. Serous-Keui.

T

Tabæ, I. vi. Tavi.

Tabernæ, I. ii. Elfaff - Zabern, ou
    Saverne.

Tabernæ, I. ii. Rhin-Zabern.

Tabernæ, I. ii. Bern-caftel fur la Mofelle.

Taberna frigida, I. vi. Frigido.

Tablæ, I. ii. Alblas.

Tabuda fl. I. ii. l'Efcaut vers fon em-
    bouchure.

Tacatya, III. iii. Tagodet.

Tacoræi, II. ix. Gor.

Tacofama fl. II. ix. Riv. d'Aracan.

Tacua fl. I. vi. Tuggia.

Tadinæ, I. vi. Gualdo.

Tadutti, III. iii. Tadut.

Tæarus fl. I. viii. Deara-deré.

Talcinum, I. vi. Talcini.

Tamagani, I. i. Amaranté fur le ri-
    Tamega.

Tamara fluv. & Tamarici, I. i. Ri
    Tambré.

Tamara fl.

Tamara fl. I. III. Tamer.

Tamare, I. III. Tamerton.

Tamnum, I. II. Talmon.

Tamonti, II. I. Abu-Girgé.

Tamyrace prom. I. IX. Tandra.

Tanagra, I. VII. Scamino.

Tanetum, I. VI. Taneto.

Tarabenorum vicus, I. VI. Vico.

Tarasco, I. II. Tarascon.

Targinus fl. I. VI. Tacina.

Tarnadæ, I. II. Saint-Maurice.

Tarraga, I. I. Larraga.

Tartarus fl. I. VI. Tartaro.

Tarsuras fl. II. II. Oehum.

Tarus fl. I. VI. Taro.

Tarusates, I. II. Teursan ou Tursan.

Tarusconienses, I. II. Tarascon dans le pays de Foix.

Tasbalta, III. III. Terfowa.

Tasciaca, I. II. Tesée.

Tasconi, I. II. Tescon, nom d'une rivière près de Montauban.

Tatacene, II. VII. el-Tak.

Tavola fl. I. VI. Gualdo.

Tome III.   K

Taurasium, I. vi. Taurasi.

Tauriana, I. vi. Palma.

Tauri stagnum, I. ii. Etang de Tau.

Tauroentum, I. ii. Taurenti.

Taurus prom. I. vi. Capo di Santa-Croce.

Taxgetium, I. v. Tavetsch.

Tegna, I. ii. Teîn.

Telamon, I. vi. Telamoné.

Teleboides insulæ, I. vii. Megalo-nisi, Candelle.

Telesia, I. vi. Telesé.

Telis fl. I. ii. la Tet.

Telonnum, I. ii. Toulon sur Arroux.

Temnos, II. i. Menimen.

Temno-theræ, II. i. Seiman.

Tempsa, I. vi. Torre di Nocera.

Terbunia, I. v. Trebigna.

Tergilum, I. vi. Tricarico.

Tergisonus fl. I. vi. Brenton vecchio.

Terias fl. I. vi. Taglia.

Terina, I. vi. Santa Eufemia.

Terinæus sinus, I. vi. Golfe de Sainte Eufémie.

Terina, II. ii. Tergil.

Teſtrina, I. VI. Civita Tomaſſa.

Tetellus, I. VI. Oſpedaletto.

Tetius fl. II. III. Teſio.

Tetriſias acra, I. VIII. Kolegrah-bourun.

Tetus fl. I. II. la Seu près d'Avranches.

Tetcera, I. II. Tièvre.

Teudurum, I. II. Tudder.

Tekelia. I. IV. Teklenborg.

Thrangela, II. I. Angeli & Karabagler.

Thebaica Phylace, III. I. Tarut - Eſ-
sherif.

Thecua, II. III. Thecué.

Theganuſſa inſ. I. VII. Venetico.

Theopolis, I. II. Theoux.

Theranda, I. V. Priſrend.

Theſpiæ, I. VII. Neocorio.

Thirza, II. III. Tirza.

Thogara, II. VIII. Sha-tcheû.

Thoricus, I. VII. Thorico.

Throana, II. VIII. Toren-puric.

Throana, II. IX. Ligor.

Throni, II. II. près du Cap Pila.

Thumata, II. IV. Daumat-al-Gendal.

Thura, II. III. Catura.

K ij

Thyamis fl. I. VII. Calama.

Tiberiacum, I. II. Berghen.

Ticarius fl. I. VI. Valinco.

Tichis fl. I. II. la Tech.

Tifata mons, I. VI. Monti Tifati.

Tifernum Metaurense, I. VI. Sant-Angelo in Vado.

Tifernus fl. I. VI. Tiferno.

Tigulia, I. VI. Tegresa.

Tile, I. II. Til le-Château.

Tiluri, I. V. Duaré.

Tiluta, II. III. Anatelbés.

Timena, II. I. Temeneh.

Tinconcium, I. II. Sancoins.

Tinna fl. I. VI. Tenna.

Tinnetio, I. V. Tenezoné.

Tinurtium, I. II. Tournus.

Tiparene inf. I. VII. Specie.

Tiriscum, I. VIII. Torocze.

Tirislasis, I. VIII. Tiristasi.

Tifalphata, II. III. Tel-apsar.

Titianus portus, I. VI. Tizzano.

Titium, I. VI. Argentera.

Titulcia, I. I. Illescas.

Tobius fl. I. III. Towy.
Tolbiacum, I. II. Zulpick.
Tolentinum, I. VI. Tolentino.
Tollegatæ, I. VI. Talgato.
Tomarus mons, I. VII. Tomerit.
Tomerus fl. II. VI. Riv. d'Haur.
Tomifa, II. II. Tomfeh.
Tora, I. VI. fur le Torano.
Tornates, I. II. Tournai.
Toum (*duplex*) III. I. el-Bueib.
Toxiandria, I. II. Teffender-loo.
Traeis fl. I. VI. Trionto.
Trajana inf. I. VI. Troian.
Trajeſtum, I. II. Utrect.
Trajeſtus, I. II. Pontous fur la Dordogne.
Trajeſtus, I. III. Briſtol.
Trapeza prom. II. I. Pointe des Barbiers.
Trapezus, I. IX. Mankup.
Traufentum vel Claufentum, I. III. Sou-
    thampton.
Treba, I. VI. Trevi.
Trebia, I. VI. Trevi.
Trebula Mutufca, I. VI. Monte-Leone
    della Sabina.

Treia, I. vi. ruiné di Treia.

Tres insulæ, III. iii. Zafarinés.

Treventum, I. vi. Trivento.

Trevidon, I. ii. Treve.

Triare, II. ii. Trialeti.

Tribunci, I. ii. à l'embouchure du Lauter.

Tricesimæ, I. ii. joignant *Vetera*, ou Santen.

Tricesimum (*ad*) I. vi. Trigesimo.

Tricorii, I. ii. sur le Drac.

Tricornium, I. viii. Kroska.

Trigisamum, I. v. Saint-Polten.

Triglyphus, II. ix. Aracan.

Trinasus, I. vii. Trinesia.

Trinius fl. I. vi. Trigno.

Trinomii, I. vii. Trinemiti.

Triobris fl. I. ii. Trueyre.

Triocala, I. vi. Calta-bellotta.

Tripuntium, I. iii. Dow-bridge.

Tritium, I. i. Tricio près de Najera.

Trivicum, I. vi. la Civita près de Trevico.

Triumpilini, I. vi. Val Tropia.

Trogilium prom. II. 1. Cap Sainte-Marie
  ou Samson.

Tropæa Augusti, I. 11. Turbia.

Tropæa Pompeii, I. 11. à Bellegarde.

Tubucci, I. 1. Punheté.

Tuerobis fl. I. 111. Tiewy.

Tuesis fl. I. 111. Twed.

Tusicum, I. v1. entre Matelica & Fa-
  briano.

Tugeni, I. 11. Zug.

Tulingi, I. v. Stulingen.

Tuniha, III. 111. la Cale.

Turecionicum, I. 11. Ornacieu.

Turenum, I. v1. Trani.

Turissa, I. 1. Osteritz.

Turres, I. v1. Torre dell' Acqua-viva

Turres, I. v111. Pirot.

Turrim (ad) I. 11. Tourves.

Turris Cæsaris, I. v1. Mola.

Turris Constantini, I. v111. la Torre.

Turris ad Algam, III. 111. Tagiura.

Turrus fl. I. v1. Torre.

Turum, I. v. Trustern.

Tuscania, I. v1. Toscanella.

K iv

Tufculanum , I. vi. Tofcolano.

Tyræa inf. I. vii. Stili.

Tyna ft. II. ix. Pener.

Tyndis ft. II. ix. Riv. de Narfapur ou
de Venferon.

Tyracinæ , I. vi. Trahina.

Tyrambe , II. viii. Temruk.

Tyriæum , II. i. Artik-Kan.

V

VABAR , III. iii. Boberak.

Vacorium , I. v. Wagrain.

Vada Volaterrana , I. vi. Vada.

Vadicaffes , I. ii. Valois.

Valentia , I. vi. Parte Valencia.

Valentiniani munimentum , I. iv. Man-
heim.

Valeponga , I. i. Albarrazin.

Valeriana , I. viii. Vadin.

Valetium , I. vi. veftiges de Balefa.

Vallacum , I. v. Weilnpach.

Vallis Cariniana , I. v. Rigna.

Vallis Rubricofa , III. i. plaine de l'A-
raba, ou des Chariots.

Vanesia, I. II. au paſſage de la Baïſe.

Vannia, I. V. Breno.

Varadetum, I. II. Varade.

Varatedum, I. II. Vaires.

Varcia, I. II. Larrets.

Vardo fl. I. II. le Gardon.

Varia, I. I. Logroño.

Varia, I. VI. Vicovaro.

Variana, I. VIII. Sylauna.

Varis, I. III. Pot-vari.

Varus fl. I. II. le Var.

Varutha, II. II. Varzou-han.

Vaſlauna, II. II. Vaſtan.

Vatrenus fl. I. VI. Santerno.

Vatuſium, I. II. Paſſi.

Ub...um, *Ublium*, I. II. Olbie.

Ulus fl. III. III. Seibus.

Uceni, I. II. Bourg d'Oiſans.

Ucetia, I. II. Uzez.

Uci, III. III. Uſef.

Veamini, I. II. Toramenos.

Vediantii, I. II. dans le dioc. de Nice.

Velatodurum, I. II. Pontpierre.

Velauni, I. II. Beuil.

K v

Velinus fl. I. VI. Velino.

Velitræ, I. VI. Veletri.

Vellaunodunum, I. II. Beaune.

Vemania, I. V. Wangen.

Venetus lacus, I. V. Boden-see.

Ventia, I. II. Vinai.

Venus aurea, III. I. Geziret--Iddahab ou Isle d'Or.

Vereis, I. V. Ver-falu.

Verbinum, I. II. Vervins.

Verentum, I. VI. Valentano.

Veretum, I. VI. Verato.

Vergivium mare, I. II. Weridh-more chez les Gallois, vulgairement Canal de Saint-George.

Verguni, I. II. Vergons.

Vernodubrum flumen, I. II. Verdoubre.

Vernosol, I. II. Vernose.

Verula, I. VI. Veroli.

Verlucio, I. III. Lek-ham.

Vernemetum, I. III. Molton.

Verrucini, I. II. Vérignon.

Vertacomicori, I. II. Vercors.

Verteris, I. III. Brough.

Vespasiæ. I. VI. Monte Vespio.

Vesperies, I. I. Bermeo.

Vesselli, I. V. Pols.

Vesubiani, I. II. Vesubia.

Vetoniana, I. V. Weihering.

Vettona, I. VI. Bettona ou Diruto.

Vetus Achaia, II. VIII. Soubashi.

Vetas Lazica, II. VIII. Mamai.

Vetus Salina, I. V. Erdt.

Vexala fl. I. III. Ivel.

Ufrenus fl. II. III. Ifrin.

Ugernum, I. II. Beaucaire, & la Gernegue.

Uggade, I. II. Pont de l'Arche.

Via fl. I. I. Rio Ulla.

Viberi, I. II. dans le haut du Wallais.

Vibi forum, I. VI. Castel-Fioré.

Vibinum, I. VI. Bovino.

Vicus Julius, I. III. Germesheim.

Vicus Spacorum, I. I. Vigo.

Vicus Varianus, I. VI. Bariano.

Vicus Virginis, I. VI. Varaggio.

Vidubia, I. II. Vouge.

Viducasses, I. II. Vieux.

Vilca, I. V. Bilsk.

K vj

Vindalium, I. II. Vedene.

Vindana portus, I. II. Navalo, à l'entrée du Mor-bihan.

Vindogladia, I. III. Win-born.

Vindomagus, I. II. le Vigan.

Vindomora, I. III. New-castle.

Vindonis, I. III. Windsor.

Viniolæ, I. VI. la Vignola.

Vinovium, I. III. Bin-chester.

Vintium, I. II. Vence.

Vipitenum, I. V. Strasperg.

Viracelum, I. VI. Vericolo.

Viriballum prom. I. VI. lo Garbo.

Virovesca, I. I. Birbiesca.

Viroviacum, I. II. Vervik.

Visentum, I. VI. Bisenzo.

Vita, III. III. Veita.

Vitodurum, I. II. Vintertur.

Vitricium, I. VI. Verex.

Viviscus, I. II. Vevai.

Ulcisia, I. V. Szent-Endré.

Ulia, I. I. Monte-mayor.

Ulterior portus, I. II. Calais.

Utuleus fl. I. VII. Argentea.

Umbranici, I. ii. dont on a préſumé pouvoir inſcrire le nom dans le Dioceſe de Caſtres.

Unſingis fl. I. iv. Hunſing.

Vocetiu mons, I. ii. Boetz-berg.

Vodgoriacum, I. ii. Voudrei.

Vordenſes, I. ii. Gordes.

Voroda, I. iii. Caer-Voran.

Vorogium, I. ii. Vouroux.

Voſalia, I. ii. Ober-Weſel.

Urba, I. ii. Orbe.

Urbate, I. v. Verbas.

Urbinum Metaurenſe, I. vi. Urbania.

Urcinium, I. vi. Ajaccio.

Urgao, I. i. Arjona.

Urgos vel Gorgon inſ. I. vi. Gorgona.

Uria (Apul.) & Urias ſinus, I. vi. Port & Golfe de Manfredonia.

Uria (Japyg.) I. vi. Oria.

Urſaria, I. vi. Oſſero.

Urſi portus, I. vi. el Orſo.

Urſoli, I. ii. Saint-Valier.

Urunci, I. ii. Rucſen.

Uſcana, I. vii. Dibra ſuperiore.

Usellis, I. vi. Usel.
Usilla, III. iii. Insilla.
Ussubium, I. ii. Urs.
Ustica inf. I. vi. Ustica ou Falconara.
Usuerva, I. ii. Iourve.
Utis fl. I. vi. Montoné.
Utum, I. viii. Vid.
Vulci, I. vi. Bucino.
Vulgientes, I. ii. dans le Dioc. d'Apt.
Vulturnum, I. vi. Castello del Volturno.
Vungus vicus, I. i. Vonc.
Uxella, I. iii. Lostwithiel.
Uxentum, I. vi. Ugento.

X

X*IPHONIA*, I. vi. Augusta.

Z

Z*ADAGASTA*, II. vii. Zathag.
Zagora, II. i. Kezereh.
Zarex, I. vi. Zarix.
Zargidava, I. viii. Orchei.
Zaualis, I. v. Zavalie.

Zephyrium prom. I. VII. Capo San-Zuane.
Zerna, I. VIII. Zerna.
Zerna fl I. VIII. Zerna.
Zernizerga, I. VIII. Arany-var.
Ziph, II. III. Zoph.
Zozopolis, II. I. Sousou.
Zygis portus, III. I. Lago Zegio.

Dans cette Nomenclature, qui peut ajouter beaucoup à l'utilité de l'ouvrage qu'elle termine, on a eu pour objet de satisfaire la curiosité que l'inspection des Cartes nécessaires à la lecture de cet ouvrage feroit naître, qui est de sçavoir quels sont les lieux correspondans actuellement à des positions données dans ces Cartes, indépendamment de ce qu'un abrégé permettoit d'admettre dans le corps de l'ouvrage même. En s'engageant dans cette recherche, on a cru que se borner à un choix étoit rendre moins de service au Public, que de

multiplier les notions par le nombre
d'articles que comprendroit cette Nomenclature. Rien de si commun quand
il est question d'un lieu ancien, que
de voir demander quel est aujourd'hui
le nom qui peut lui être propre, ou sous
lequel il est connu ? Il y auroit même
quelque inconvénient dans le choix,
puisqu'entre les lieux peu considérables
en eux-mêmes, il s'en rencontre qui
le deviennent par quelque rapport à des
circonstances historiques, ce qui met le
plus grand intérêt à l'étude de l'ancienne
Géographie. D'ailleurs, une indication
de lieu est un témoignage d'en avoir
recherché la place, quoique plus ou
moins heureusement. Beaucoup de lieux
paroîtront se faire connoître, en conservant leur nom, soit assez purement,
soit avec de l'altération. On est instruit
à l'égard de quelques autres, du rem-
placement d'un nom primitif par un
nom postérieur. S'il y en a (car on ne
veut point le dissimuler) dont l'appli-

cation n'eſt fondée que ſur une ſimple préſomption de convenance, par défaut de plus grande lumière, on peut aſſurer qu'ils ne ſont pas la quantité principale. Ce n'eſt au-reſte, qu'en ſe réſervant un pareil ſupplément, que l'auteur dans la compoſition de l'ouvrage, s'eſt abſtenu de traiter plus en détail quelques parties, ſur leſquelles il auroit eu fort à cœur de s'étendre davantage. Si l'on remarque de l'inégalité dans l'abondance des lieux d'un pays à un autre, & que la Grece par exemple, ou l'Aſie mineure, nonobſtant la plus grande célébrité, ſont moins riches en quelque manière dans cette Nomenclature, que l'Italie ou la Gaule, c'eſt faute d'une connoiſſance égale de ce que le local actuel & correſpondant feroit découvrir, mais qu'on ne peut guère ſe flatter d'acquérir. Comment feroit-on inſtruit autant qu'on le deſireroit dans l'étendue de pays moins connus, puiſqu'en ceux qui le ſont davantage, d'anciennes poſitions ne ſe retrouvent point ?

On s'est contenté, dans l'indication de chaque lieu en particulier, de le rapporter à une des sections, entre lesquelles sont distribuées les différentes parties de l'ouvrage. Comme il est supposé, que c'est l'inspection d'une Carte qui fait desirer de connoître un lieu quelconque, la contrée à laquelle ce lieu appartient est indiquée par cette Carte même. Entrer dans ce détail par écrit, eût été prendre le plan d'un Dictionnaire, plan fort différent de celui du présent ouvrage. L'utilité de l'un ne consiste qu'à donner avec facilité quelque notion d'un point isolé, & sans aucun enchaînement de connoissances : l'autre, par cet enchaînement dans un traité méthodique & suivi, a le précieux avantage de fournir un juste assortiment de connoissances, qui lie & montre les rapports & dépendances des objets qu'embrasse la Géographie. Mais on peut ajouter ici, que le fond d'un Dictionnaire s'y trouve compris, au

moyen de la Table générale qui doit
suivre, dans laquelle les lieux employés
dans le corps de l'ouvrage, & ceux de
la Nomenclature, seront rassemblés en
suivant l'ordre alphabéthique. Au-reste,
quelque nombreuse que soit cette Table,
on ne s'est point proposé de la charger
de tout ce que des Cartes peuvent donner de positions.

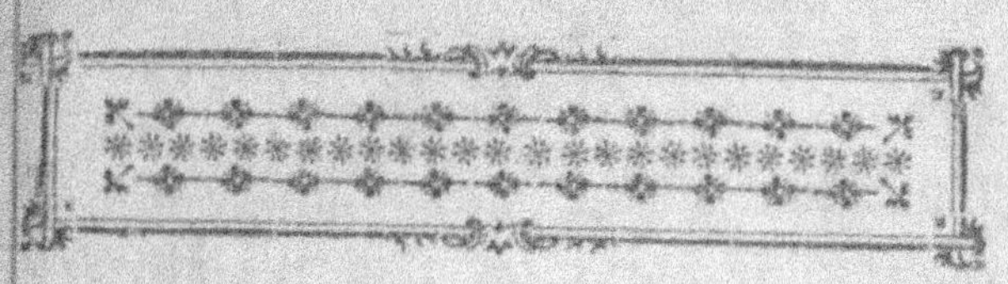

TABLE

COMPOSÉE DE NOMS DE PAYS,

En diftinguant quelques-uns des principaux par un caractere majufcule.

Le chiffre romain fait la diftinction des Volumes.

A

Tome III.   L

F

R

S

T

V

Z

GRANDES. MERS.

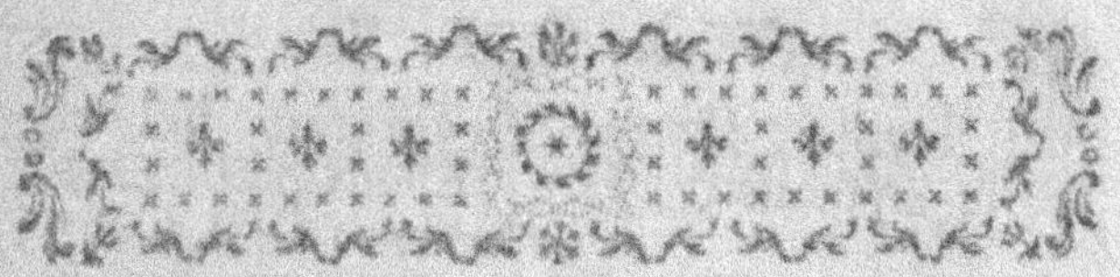

TABLE

DU LOCAL EN DÉTAIL,

Dans laquelle font compris, & diftingués par la lettre N, les lieux de la
Nomenclature, que l'ordre alphabétique rend facile à confulter, de
même que l'indication des pages pour
les lieux du corps de l'Ouvrage les
fera trouver aifément.

*Le chiffre romain donne également ici la
diftinction des Volumes.*

L vj

Batiana,	N.		Beneventum,	I. 205
Batinus fl.	N.		Benjamin (Tribus) I. 156
Batnæ,	II. 138			
Batnæ Sarugi,	II. 194		Bennones,	N.
Batrachus portus,	N.		Bennovenna,	N.
Batus fl.	N.		Berabonna,	II. 363
Baudobrica,	N.		Bercorates,	N.
Baudobrica (ad Rhe-num)	N.		Beregra,	N.
			Berenice Epi - dires,	III. 60
Bauræ,	N.			
Bautes fl.	II. 326		Berenice Pau-chrysos,	III. 58
Bazacata inf.	II. 368			
Bebrycia,	II. 20		Berenice (Thebaid.)	III. 34
Beda,	N.			
Bedirum,	III. 74		Berenice (Cyren.)	III. 44
Bedriacum,	N.			
Beeroth,	N.		Berenice, *voyez* Asion-gaber.	
Belbina inf.	N.			
Belca,	N.		Bergidum,	N.
Belerides insulæ,	N.		Berginrrum,	N.
Belesis, *voyez* Barbalys-sus.			Bergomum,	I. 175
			Bergon,	I. 140
Belgæ,	I. 101		Bergulæ,	N.
Belgica,	N.		Bergusia,	I. 19
Belginum,	N.		Bergusium,	N.
Belia,	N.		Bericiana,	N.
Belindi,	N.		Berisa,	II. 23
Belisama Æstuarium,	N.		Beræa (Maced.)	I. 238
Bellintum,	N.		Beræa (Thrac.)	I. 296
Bellovaci,	I. 84			
Belsinum,	N.		Beræa (Syriæ)	II. 139. 261
Belunum,	N.			
Belus fl.	II. 175		Bersabee,	II. 156. 168
Benacus lacus,	I. 172		Berytus,	II. 146
Beneharnum,	I. 81		Besa, *voyez* Antinoë.	

Boii (Lugdun.) N.
Boii (Aquit.) I. 81
Boii (Gall. Cisalp.) I. 179
Boiodurum, I. 150
Boiohemum, I. 131
Bolbe palus, N.
Bolbitinum (Nili) ostium, III. 12
Bolerium prom. I. 96
Bomium, N.
Bonæ fortunæ inf. I. 368
Bonconica, N.
Bonna, I. 91
Bononia, *voyez* Gesoriacum.
Bononia (Pann.) I. 157
Bononia, priùs Felsina I. 181
Bononia (Mœf.) I. 306
Boona, II. 35
Boosura, N.
Boras mons, N.
Borbetomagus, postea Vangiones, I. 91
Boreum prom. I. 114
Borgys, N.
Bormanni, N.
Borrama, N.
Borsippa, II. 260
Borussi, I. 328
Boristhenes fl. I. 324
Bosa, I. 227
Bosporus, I. 338

Bosporus Cimmerius, I. 340
Bosporus Thracius, I. 292. II. 24
Bostra, II. 188
Botrus, II. 146
Bovianum, I. 206
Boxum, N.
Bracara Augusta, I. 22
Brachmani, II. 350
Bradanus fl. I. 210. N.
Brattia inf. I. 166
Brannodunum, N.
Brannovices, N.
Brannonium, N.
Bratuspantium, I. 84
Bregetio, I. 155
Bremenium, N.
Bremetonacum, N.
Brepus, N.
Breviodurum, N.
Breuni, N.
Brigantes, I. 107
Brigantes (Hibern.) I. 116
Brigantia, I. 147
Brigantinus lacus, I. 148
Brigantio, I. 64
Brigantio, N.
Brigantium, I. 22
Brigecum, N.
Brigiosum, N.
Brigobanne, N.
Briniates, I. 178

C

Castra Herculis, N.	Cataractes fl. II. 85
Castra exploratorum, N.	Cataractes major, III. 48
Castra nova, I. 316. N.	Cataractes minor, III. 57
Castra Trajana, I. 316	Cataractonium, N.
Castra Hannibalis, N.	Catenna, II. 86
Castra Mororum (& non *Maurorum*) II. 205	Catti, I. 126
	Catualium, N.
Castra Cornelia, III. 84. N.	Caturiges, I. 63
	Catusiacum, N.
Castrum *est en Angleterre Cester ou Chester*, I. 101	Cavares, I. 59
	Cauca, I. 25
Castrum Firmanum, N.	Caucasiæ pylæ, II. 119. 123
Castrum Minervæ, N.	Cauci, I. 123
Castrum novum (Etrur.) N.	Caucones, II. 26
	Caudium, I. 205
Castrum novum (Piceni) N.	Caulon, N.
	Caunus, II. 75
Castrum Truentinum,	Caurium, I. 43
Castulo, I. 50. 35	Causennis, N.
Casuaria, N.	Caystrus fl. II. 41
Casuentus fl. N.	Ceba, N.
Casus inf. N.	Cebenia, N.
Catabanum, II. 222	Cebenna mons, I. 50
Catabathmus magnus, III. 43	Cebrus fl. & ad Cebrum, N.
Catabeda fl. II. 363	Cedissus, *voyez* Kedes Nephtali.
Catæa inf. II. 278	Celeia, I. 152. 158
Catalauni, I. 84	Celenæ, II. 53
Catana, I. 220	Celenderis, II. 90
Cataonia, II. 67	Celethrum, I. 238
Cataractes fl. N.	Celeucum, N.
	Celsa, I. 27

Tome III. N

Dèuriopus,   I. 237
Diablintes,   I. 72
Diacira,   N.
Diana,   N.
Dianæ Stagnum,   N.
Dianium,   I. 30
Dianium inf.   N.
Dianium prom.   N.
Diarræa,   N.
Dibio,   N.
Didattium,   N.
Didyme insulæ,   N.
Didymo - tichos, I. 294
Dierna,   N.
Digba vel Didigua, voyez Apamea Babyloniæ.
Diglito,   N.
Dinaretum prom. II. 149. N.
Dinia,   I. 63
Diniæ,   II. 53
Dio - Cæsarea, voyez Sepphoris.
Diodurum,   N.
Diolindum,   N.
Dionysiades insulæ, N.
Dionysias,   N.
Dioscoridis inf. II. 224
Dioscurias, vel Sebastopolis, II. 115
Diospolis (Palæst.) voyez Lydda.
Diospolis, voyez Panephysis.

Diospolis magna, voyez Thebæ.
Diospolis parva, III. 33
Diospolis,   N.
Dira vel Diræ, II. 119
Diridotis, voyez Teredon.
Diva,   N.
Divitense munimentum,   N.
Dium,   I. 239
Dium inf.   I. 281
Dium (Palæst.) II. 183. 187
Divodurum, vel Metis,   I. 83
Divona, postea Cadurci,   I. 77
Dobuni,   I. 105
Docia,   II. 30
Docirana,   I. 316
Dodone,   I. 245
Doliche,   II. 137
Dolopia,   I. 247
Domana,   N.
Domanitis,   II. 29
Domus Zenodori, II. 188
Dora,   II. 174
Dores,   I. 230
Doris,   I. 256
Doris,   &   Doridis sinus,   II. 75
Dorticon,   N.
Dothain,   N.

Dorylæum, II. 51
Drabescus, I. 242
Draonus fl. N.
Drangæ, II. 289
Drapsaca vel Darapsa, II. 300
Draudacum, N.
Drepanum (Sicil.) I. 212
Drepanum (Bithyn.) N.
Drepanum promont. (Cypri) N.
Drepanum promont. (Ægypti) III. 49. N.
Drepanum promont. (Libyæ) N.
Drinus fl. I. 299
Drilæ, II. 58
Drilo fl. I. 159. 232
Drium, N.
Dromus Achillis, I. 335
Drosache, II. 325
Druberis, N.
Druentia fl. I. 49
Druna fl. I. 59
Drymusa inf. N.
Dubis fl. I. 88
Dubris, I. 101
Dulichium inf. N.
Dumnissus, N.
Dumnonii, I. 102
Dumnonium, vel Ocrinum prom. I. 103

Duodecimum (ad) Noviomago, N.
Dura, II. 248
Durarius fl. I. 49
Durdus mons, N.
Durerie, N.
Duria fluv. major & minor, I. 171
Durius fl. I. 13
Durnomagus, N.
Durnovaria, I. 102
Durobrivis, I. 100
Durobrivis, N.
Durocasses, N.
Duro-catalaunum, N.
Durocobrivis, N.
Durocorinium, N.
Durocortorum, postea Remi, I. 84
Duroicoregum, N.
Duroli pons, N.
Durolitum, N.
Duronum, N.
Durostorus, I. 307
Durotriges, I. 102
Durvus mons, N.
Dyme, I. 268
Dyrrachium, I. 233

E

EBAL mons, II. 171
Ebellinum, N.
Eblana, I. 114
Ebora, I. 45

Forum novum, I. 180
Forum novum, N.
Forum Popilii (Gall. Cisalp.) N.
Forum Popilii (Lucan.) N.
Forum Segufianorum, I. 66
Forum Sempronii, I. 193
Forum Tiberii, N.
Forum Trajani, I. 227
Forum Voconii, N.
Fofi, I. 125
Fossa Augusti, N.
Fossa Carbonaria, N.
Fossa Drusi, I. 93
Fossa Marii, I. 60
Fossæ Papyrianæ, N.
Fossæ inf. N.
Franci, I. 121
Fregellæ, N.
Frentani, I. 206
Fretum Gaditanum, I. 37. 38
Sa latitud., III. 114
Fretum Gallicum, N.
Frigidus fl. N.
Frifii, I. 122. 123. 138
Friniates, N.
Fronto fl. I. 206
Frudis oftium, N.
Frufino, N.
Fucinus lacus, N.
Fulginium, N.
Fundi, N.

Fundus Mazucanus, III. 102
Furconium, N.

G

GABÆ, II. 305
Gabala, II. 144
Gabali, I. 76
Gabbula, N.
Gabellus fl. N.
Gabii, N.
Gabrantovicorum finus, N.
Gabreta filva, I. 119. N.
Gabris, N.
Gabris, II. 234
Gabromagus, N.
Gabuleus, N.
Gad (Tribus) II. 158
Gadara, II. 185. 187.
Gadaum castra, III. 103
Gadir vel Gades, I. 37
Gadirtha, II. 141
Gagasmira, II. 351
Galaad mons, II. 181. N.
Galaaditis, II. 181
Galata, N.
Galesus fl. N.
Gallaba, N.
Gallicum (Hisp.) N.
Gallicum (Maced.) N.

Gesonia, N.
Gesoriacum, vel Bononia, I. 86
Getæ, I. 301. 312. 313. 314
Getara, II. 122
Giarus inf. N.
Gigarta, N.
Gmæa, II. 157. 172
Ger fl. II. 55
Gira metropolis, III. 56
Girba inf. voyez Meninx.
Gischala, N.
Glannativa, N.
Glanum, N.
Glaucus sinus, II. 79
Glotta, I. 99. 109
Glykis-limen, I. 245
Goaria, N.
Gobæum prom. I. 59
Gobannium, N.
Gogana, N.
Golan vel Gaulon, II. 184
Gomphi, I. 248
Gophna, & Gophnitica, II. 163
Gorbeüs, II. 60
Gordiæi, voyez Carducæi.
Gordiani monumentum, II. 197
Gordium, II. 51. 59
Gordiu - come, 60

Gorditanum prom. N.
Gorgades insulæ, III. 120. 121
Gorgo, II. 306
Gorgonis inf. III. 120
Gorneas, N.
Gortyna, I. 279
Gortys, I. 277
Gothini, I. 133
Gothones, I. 134
Graccuris, N.
Gradiaci, N.
Gradus Rhodani, I. 60
Gramatum, N.
Grampius mons, I. 97. 129
Grandimirum, N.
Graniauum prom. N.
Granicus fl. II. 14
Grannona, N.
Grannotum, N.
Granua fl. I. 132
Grasse, III. 81
Gratianopolis, voyez Cularo.
Gravinum, N.
Graviscæ, N.
Grinario, N.
Griphi, II. 321
Griselum, N.
Grudii, N.
Guba, N.
Gugerni, I. 91. 126
Guntia, N.
Guræi, & Guræus fl.

K

K

Lydda, vel Diospolis, II. 164
Lydias, N.
Lygii, I. 133
Lyrnatia, N.
Lyrnessus, II. 19
Lysias, II. 133
Lysimachia, I. 288
Lysinoe, II. 85
Lytarmis prom. I. 333

M

MAADDENI, II. 216
Maagrammum, II. 359
Macæ, II. 228
Macaria, N.
Macella, N.
Macepracta, II. 200
Maceta prom. II. 228
Machærus, II. 181. N.
Macianes lacus, *voyez* Spauta.
Macolicum, N.
Macomades Syrtis, III. 70
Macomades minores, III. 78
Maco-raba, II. 217
Macra fl. I. 171
Macri, N.
Macris, vel Helenæ inf. I. 262
Macron-tichos, I. 293
Madaurus, III. 87
Madian, II. 214

Madviacis, N.
Mæander fl. II. 8. 53
Mædiam (ad) N.
Mædica, I. 288
Mænalus mons, I. 276
Mæonia (opp. Lyd.) II. 48
Mæatæ, I. 109
Mageddo, II. 174
Magelli, I. 189
Magia, N.
Magiovinnum, N.
Magnesia (Thessal.) I. 249
Magnesia Sipyli, II. 46
Magnesia Mæendri, II. 47
Magnis, N.
Magnum littus, III. 63
Magnum (Gangis) ostium, II. 351
Magnum prom. (Ind.) II. 365
Magnum prom. (Lusit.) I. 41
Magnus portus, I. 22
Magnus sinus, II. 366
Magrada fl. N.
Magusa, II. 197
Malaca, I. 39
Malana, N.
Malanga, N.
Malao, N.
Malea montes, II. 359

Tome III.   R

T

Zichi, & Zichia, II. Zoara, vel Segor, II.
213 212
Zingis extrema, III. Zozopolis, N.
62 Zygis, *voyez* Zichi.
Ziph, N. Zygis portus, N.
Zoan, *voyez* Tanis.

Omissions.

Dravus fl. I. 150. Ophiusa inf. I. 32
154 Padus fl. I. 171
Fidentia, I. 180 Phæacum inf. *voyez*
Fretum siculum, I. 213 Corcyra
Mutina, I. 181 Regiones Italiæ, I. 216
Olcinium, I. 164 Salinæ, I. 351

FIN DE LA TABLE.

On trouvera quelques défauts d'ordre alphabéthique dans la Nomenclature, & il est à propos d'y prendre garde en la consultant. La Table est assez généralement plus correcte sur cet article.

De l'Imprimerie de PIERRE - ALEXANDRE LE PRIEUR, Imprimeur du Roi.

APPROBATION.

J'ai lu, par ordre de Monseigneur le Vice-Chancelier, un manuscrit intitulé : *Géographie ancienne abrégée*. Le profond sçavoir de l'Auteur en cette matière ne peut que rendre très-utile au Public un Ouvrage de ce genre, & qui lui manquoit. A Paris, le 15 Juillet 1767.

Signé, BARTHELEMI.

PRIVILEGE DU ROI.

LOUIS, PAR LA GRACE DE DIEU, ROI DE FRANCE ET DE NAVARRE : A nos amés & féaux Conseillers les Gens tenans nos Cours de Parlemens, Maîtres des Requêtes ordinaires de notre Hôtel, Grand-Conseil, Prévôt de Paris, Baillis, Sénéchaux, leurs Lieutenans Civils & autres nos Justiciers qu'il appartiendra : SALUT Notre amé JOSEPH MERLIN, Libraire, Nous a fait exposer qu'il desireroit faire imprimer & donner au public un Ouvrage intitulé : *Géographie ancienne abrégée par M. D'ANVILLE* ; s'il Nous plaisoit lui accorder nos Lettres de Privilége pour ce nécessaires. A CES CAU ses, voulant favorablement traiter l'Expofant, Nous lui avons permis & permettons par ces Préfentes, de faire imprimer ledit ouvrage autant de fois que bon lui femblera, & de le vendre, faire vendre & débiter par tout notre Royaume pendant le temps de fix années confécutives, à compter du jour de la date des Préfentes. FAISONS défenfes à tous Imprimeurs, Libraires, & autres perfonnes, de quelque qualité & condition qu'elles foient, d'en introduire d'impreffion étrangere dans aucun lieu de notre obéiffance : comme auffi d'imprimer, ou faire imprimer, vendre, faire vendre, débiter, ni contrefaire ledit ouvrage, ni d'en faire aucun extrait fous quelque prétexte que ce puiffe être, fans la permiffion expreffe & par écrit dudit Expofant, ou de ceux qui auront droit de lui, à peine de confifcation des exemplaires contrefaits, de trois mille livres d'amende contre chacun des contrevenans, dont un tiers à Nous, un tiers à l'Hôtel-Dieu de Paris, & l'autre tiers audit Expofant, ou à celui qui aura droit de lui, & de tous dépens, dommages & intérêts ; A LA CHARGE que ces Préfentes feront enregiftrées tout au long fur le regiftre de la Communauté des Imprimeurs & Libraires de Paris, dans trois mois de la date d'icelles ; que l'impreffion

dudit ouvrage sera faite dans notre Royaume
& non ailleurs, en beau papier & beau carac-
teres, conformément aux Réglemens de la
Librairie, & notamment à celui du dix Avril
mil sept cent vingt-cinq, à peine de déchéance
du présent Privilége ; qu'avant de l'exposer
en vente, le manuscrit qui aura servi de copie
à l'impression dudit ouvrage, sera remis dans
le même état où l'approbation y aura été
donnée, ès mains de notre très-cher & féal
Chevalier, Chancelier de France, le Sieur
DE LAMOIGNON, & qu'il en sera ensuite
remis deux exemplaires dans notre Biblio-
theque publique, un dans celle de notre
Château du Louvre, un dans celle de notre-
dit Sieur DE LAMOIGNON, & un dans celle
de notre très-cher & féal Chevalier, Vice-
Chancelier & Garde des Sceaux de France,
le Sieur DE MAUPEOU : le tout à peine de
nullité des présentes ; DU CONTENU desquel-
les vous MANDONS & enjoignons de faire
jouir ledit Exposant & ses ayans causes,
pleinement & paisiblement, sans souffrir qu'il
leur soit fait aucun trouble ou empêchement.
VOULONS que la copie des Présentes,
qui sera imprimée tout au long, au commencement ou à la fin dudit ouvrage, soit
tenue pour duement signifiée, & qu'aux copies
collationnées par l'un de nos amés & féaux

Conseillers - Secrétaires, foi soit ajoutée
comme à l'original. COMMANDONS au premier notre Huissier ou Sergent sur ce requis,
de faire pour l'exécution d'icelles, tous actes
requis & nécessaires, sans demander autre
permission, & nonobstant clameur de haro,
charte normande & lettres à ce contraires ;
Car tel est notre plaisir. DONNÉ à Paris le
vingt-troisième jour de Septembre, l'an de
grace mil sept cent soixante-sept, & de notre
Regne le cinquante-troisième.

PAR LE ROI EN SON CONSEIL.

Signé, LE BEGUE.

*Registré sur le Registre XVII de la Chambre
Royale & Syndicale des Libraires & Imprimeurs
de Paris, N°. 1428, fol. 298, conformément
au Réglement de 1723. A Paris, le 8 Octobre
1767.*

Signé, DELORMEL, *Adjoint.*